Sebastian Painadath
Das Sonnengebet

Sebastian Painadath

Das Sonnengebet
Ein Übungsbuch zum Tagesbeginn

Unter Mitarbeit von Edeltraud Ulbrich und
Werner Schneider

Mit Fotos von Leonard Zeisel

Kösel

missio

◊ Das Internationale Katholische Missionswerk Missio bietet seit vielen Jahren Meditationskurse von P. Sebastian Painadath SJ an und unterstützt die Verbreitung dieses Buches.

◊ Zu diesem Buch gibt es eine CD, die von P. Sebastian Painadath persönlich angeleitete Übungsreihen zum Sonnengebet enthält. Best.-Nr. 978-3-466-45753-3

◊ Weitere Meditationsimpulse von P. Sebastian Painadath: Befreiung zum wahren Leben. 50 meditative Schritte der Selbsterkenntnis. ISBN 978-3-466-36714-6

Mix
Produktgruppe aus vorbildlich bewirtschafteten Wäldern und anderen kontrollierten Herkünften
www.fsc.org Zert.-Nr. GFA-COC-001298
© 1996 Forest Stewardship Council
FSC

Verlagsgruppe Random House FSC-DEU-0100
Das für dieses Buch verwendete FSC-zertifizierte Papier *Praximatt* liefert die »Deutsche Papier Vertriebs GmbH«.

6. Auflage 2009
Copyright © 2000 Kösel-Verlag, München,
in der Verlagsgruppe Random House GmbH
Umschlaggestaltung: Elisabeth Petersen, München
Umschlagmotiv: Randy Ury/The Stock Market, Düsseldorf
Zeichnungen: Eva Amode, München
Fotos: Leonard Zeisel, Windach
Gesamtherstellung: Kösel, Krugzell
Printed in Germany
ISBN 978-3-466-36553-1

Weitere Informationen zu diesem Buch und unserem gesamten lieferbaren Programm finden Sie unter www.koesel.de

Inhalt

I. Einführung
Im Leib Gott begegnen

... und sein Gesicht leuchtete wie die machtvoll strahlende Sonne.

Offenbarung 1,16

Das Angesicht der Wahrheit ist verhüllt
von einer goldenen Schale.
Enthülle du es, oh göttliche Sonne,
damit ich es wahrlich schaue!

Isa Upanishad 15

Der Leib ist die Ursprache des Menschen; das erleben wir deutlich bei den Kindern. Aber als Erwachsene haben wir zum großen Teil die Leibsprache verlernt. Der Leib wird oft als Gegenstand betrachtet, behandelt und auf Leistung hin überfordert, wenn nicht missbraucht. Daher geschieht eine tief greifende Entfremdung im Menschen, die sich in verschiedensten Formen bis hin zur Krankheit und Sucht ausdrückt. Der Weg zum Heil beginnt in der Wiederherstellung der Leib-Geist-Harmonie. Hier handelt es sich nicht um den Körper, den man hat, sondern um den Leib, der man ist. Der Leib ist das Ganze der Gestimmtheiten und Gebärden; in ihnen erlebt sich der Mensch selbst als die ihrer eigenen Mitte bewusste und zugleich nach außen hin gestaltend handelnde Person. In ihnen drückt er sich aus.

Der Leib ist der erste Ort der Gotteserfahrung. Im Bewusstwerden der eigenen Leiblichkeit geschieht das Erwachen des menschlichen Geistes zum göttlichen Geist. Der Leib ist der Tempel des göttlichen Geistes, der ständig unser Leben ganzheitlich verwandelt. Daher ist das Beten nicht ausschließlich als eine geistliche Übung zu verstehen; der ganze Mensch in seiner leib-geistigen Einheit öffnet sich zum göttlichen Grund. Leib ist die Ursprache des Gebetes.

Der Grundansatz des christlichen Glaubens ist die Erfahrung des Durchbruchs des Göttlichen in die Endlichkeit des menschlichen Daseins: Der Logos, das »Wort«, ist Fleisch geworden! Gott hat unseren Leib zum Medium seines heilenden Entgegenkommens gemacht; als

Antwort darauf sollen wir durch den Leib zu Gott gelangen. Leib ist ein ursprünglicher Ort der Gott-Mensch-Begegnung. Leib ist so etwas wie ein Ursakrament.

Die konkrete Gestalt des Erwachens des Göttlichen im Leib haben wir an der Person Jesu Christi erfahren. Die heilende Gottesgeburt, die in ihm und durch ihn stattfand, setzt sich in uns fort: »Gott ist Mensch geworden, damit der Mensch Gott werden kann« (Augustinus). Christliche Spiritualität bedeutet letztlich die Erfahrung des Inkarnationsvorganges in uns, die Verwandlung unseres Seins in das neue Sein in Christus. Dies ist ein leibbezogenes Heilsgeschehen. Der Leib ist der primäre Ort der Selbstentfaltung. Am Leib erkennen wir unsere eigene Geschichte mit all ihren Licht- und Schattenseiten. Bewusste und liebevolle Annahme der eigenen Leiblichkeit bedeutet befreiende Selbstannahme und Annahme der anderen Menschen in ihrer Eigenart. Daher entwickelt sich auch ein neuer Bezug zur Natur, zur Erde. Die Erde ist die erweiterte Form meines Leibes; der Leib ist die zum Bewusstsein erwachte Gestalt der Erde.

Die Erfahrung des eigenen Leibes als Ort der heilenden Wirkung des göttlichen Geistes ist daher die Grundlage einer integrierten Spiritualität. Sie entfaltet sich ganz konkret in leibbezogenen Formen des Betens. Dazu können die Erfahrungen der indischen Meister uns wesentlich helfen. Seit Jahrhunderten hat man in Indien verschiedene Formen der Yoga-Übungen gepflegt, um den Leib als das transparente Medium des Geistes zu erfahren und dadurch sich dem Göttlichen zu öffnen. Die indischen Meister sprechen von den sieben Kraftzentren (Chakras), die sich entlang der Wirbelsäule entfalten und die auf drei Bereiche verteilt sind: den Denkbereich (Kopf), den Gefühlsbereich (Herz) und den Vitalbereich (Leibmitte). Die Denkvorgänge und Gefühlsreaktionen können die Menschen nur ver-

wandeln, wenn sie letztlich im Vitalbereich verankert sind. Ein Gebets-
vorgang, der sich nur im Kopf und im Herzen vollzieht, ist wie ein Baum
ohne Wurzel. Darum legen die Meister sehr viel Wert darauf, dass der Betende in der Leibesmitte verwurzelt steht oder sitzt.

Aus dieser Grundhaltung heraus entfalten sich bestimmte Gebärden,
durch welche die Grundeinstellung des Lebens meditativ zum Ausdruck gebracht werden. Dabei betet man nicht mit vielen Worten, sondern verweilt im leibhaften Verwurzeltsein im Göttlichen. Das Sein ist
grundlegender als das Tun! Auch für das christliche Erbe ist das alles
nicht fremd. Beim Kreuzzeichen zum Beispiel legt man die Hand auf
den Kopf, auf den Bauch und um das Herz, um sich dabei ganzheitlich
und leibhaft im göttlichen Grund zu wissen. Das Erwachen des Seins
zum Seinsgrund ist das Wesen des Gebetsvorganges.

Eine klassische Form des leibbezogenen Betens wird *Sonnengebet* genannt. Damit ist nicht gemeint, dass der Betende die aufgehende Sonne
anbetet; vielmehr erwacht er zur aufgehenden göttlichen Sonne und öffnet sich ihrem strahlenden Licht, um es in sein Innerstes aufzunehmen.
Hier ist es wichtig, sich die Zeit zu lassen, in der dieses Licht sich entfaltet und unser Leben verwandeln kann. Der ursprüngliche Sinn des
Sonnengebets ist im vedischen Gayatri Mantra ausgedrückt, das beim
Sonnenaufgang wiederholend gesungen wird:

Om ...
bhur bhuva swaha,
tat savitur varenyam
bhargo devasya dhimahi,
dhiyo yo na prachoyadayat ...
Om ...

Om ...
wir versenken uns andächtig
in das ehrwürdige Licht der göttlichen Sonne,
die die Erde, den Himmel und den Innenraum durchdringt.
Möge sie unser Bewusstsein mit Kraft erfüllen!
Om ...

Die frühe Morgenstunde des Übergangs von der Finsternis zum Licht ist die geeignete Zeit für die Übung des Sonnengebets, denn es gibt bestimmte Schwingungen beim Sonnenaufgang, die für das innere Erwachen des Geistes sehr förderlich sind. Der Übende steht der aufgehenden Sonne zugewandt und nimmt ihre belebenden Lichtstrahlen mit seinem ganzen Leib auf; dabei wird die Kraft der inneren göttlichen Sonne freudig und dankbar wahrgenommen. In dieser Verfassung werden die Grundeinstellungen des Umgangs mit Menschen und Natur durch Gebärden ausgedrückt, damit sie allmählich im Leib Gestalt annehmen und das Leben verwandeln. Es ist eine allgemeine Erfahrung, dass religiöse Vorschriften und moralische Vorsätze nicht ausreichen, um unser Leben gründlich zu verändern. Die den Menschen befreienden Grundhaltungen sollen im Leib wachsen, weil der Mensch wesenhaft Geist-im-Leib ist. Die heilenden Kräfte sind eigentlich tief in uns vorhanden; wir müssen nur bereit sein, sie wirken zu lassen. Leibhaftes Beten heißt: die heilende göttliche Quelle »aus unserer Leibmitte« (vgl. Johannes 7,38) hervorströmen lassen, den »aus unserem Herzen« rufenden göttlichen Geist (vgl. Galater 4,6) zulassen.

Daher ist es wichtig, dass das Sonnengebet nicht unter Leistungsdruck geübt wird. Es geht hier nicht um *Tun*, sondern um *Sein*; nicht um ein aktives Beten, sondern um eine empfangene Grundhaltung im

Hinblick auf die Gnade und auf das Licht Gottes. Die Gebärden, die hier aufgezeigt sind, sollen nur Leitfaden sein, um den eigenen Leib als transparentes Medium des Geistes spüren zu können. Allmählich sollte jede und jeder seine *eigene* Form des Sonnengebets mit *eigenen* Gebärden entwickeln, weil jeder Mensch eine einzigartige Leiblichkeit und Geschichte hat. Es ist allerdings wichtig, dass sich alle Gebärden bewusst aus der Leibmitte heraus entfalten und dass der Übende in *geeigneten* Gebärden etwas länger verweilt, um sich in sie hineinzugeben. Die Handbewegungen von einer Haltung zur anderen sollen sich grundsätzlich langsam vollziehen, und zwar mit geschlossenen Augen und nach innen gewandter Aufmerksamkeit. Das Sonnengebet darf nicht auf einen Zweck hin geübt werden; der Übende soll *absichtslos da sein*, wie Meister Eckhart es ausdrückt. Das innere Umschalten vom Leistungsdenken zum Kindsein im Umgang mit Gott ist das Grundanliegen des Sonnengebets. Wie eine Lotosblüte strahlend im göttlichen Sonnenlicht da sein – darum geht es hier.

Im ersten Teil dieses Buches ist die Grundübungsreihe beschrieben. Es wird empfohlen, das Sonnengebet in dieser Form zunächst eine Zeit lang zu üben, damit der Übende den eigenen Leib in dessen Einheit und Durchlässigkeit als den Tempel Gottes wahrnehmen kann. Zu jeder Haltung in dieser Übungsreihe ist ein kurzer Text angegeben: Er könnte eine Hilfe sein, um den Sinn der Gebärde zu verinnerlichen und zu meditieren. Außerdem ist ein Wort angegeben, das den tieferen Sinn der jeweiligen Gebärde zusammenfasst.

Die Zitate aus dem Neuen Testament in ihrer Folge sind als Elemente eines geistigen Prozesses zu verstehen. Ausgehend von der Leiberfahrung geht der Übende auf dem Weg des Geistes zur Wahrnehmung des inneren Lichtes. Aus dem göttlichen Grund erstrahlt das Licht als Kraft der Liebe und drängt den Übenden zu liebevollem Dienst am Menschen. Daraus wächst Vertrauen und Freude, die das Leben liebevoll machen und zum Segen verwandeln. Aus dem Inneren entfaltet sich dann ganz notwendig die Zuwendung zum Nächsten, zu den Mitmenschen.

Die Zitate aus den indischen Schriften sind ebenso als Bestandteile eines inneren Werdeganges gedacht. Die göttliche Silbe OM summend, erwacht der Übende zum göttlichen Licht im Inneren sowie in der Außenwelt. Einheit mit allen Wesen drängt den Übenden zum Wirken im Hinblick auf das Wohl aller Wesen und zur Hingabe an den liebenden Gott. So entfaltet sich das Leben im Einklang mit dem Ganzen.

Diese drei Textreihen sind nicht dazu gedacht, dass sie bei der Übung gesprochen werden; sie sollen dazu verhelfen, dass die Gebärden sich im Laufe eines inneren Verwandlungsvorganges entfalten und allmählich zu einer integrierten Spiritualität beitragen.

Im zweiten Teil sind einige Übungsvarianten angegeben. Sie könnten behilflich sein, um zu verstehen, wie wir mit Lebensprinzipien leibhaft in Einklang kommen können. Jeder Übende soll geeignete Gebärden für andere Grundthemen des Lebens entwickeln können. Die Yoga-Form des Sonnengebets, bezogen auf die sieben Kraftzentren (Chakras), ist ein klassischer Weg zur Erfahrung der Leib-Geist-Harmonie in sich und im Kosmos. Die Reflexion über den belebenden Einfluss des Sonnenlichtes und die daraus folgende Übung kann uns helfen, dankbar zu erfahren, wie die Sonne unser Leben gestaltet.

Vorschläge für Übungen mit Kindern, mit Alten und Kranken sind aus dem Umgang mit dem Sonnengebet entstanden. Sie können Hinweise für eine sinnvolle Anpassung der Gebärden für verschiedene Zielgruppen sein.

Im dritten Teil kommen die Übenden selbst zu Wort. Ihre Erfahrungen im eigenen Leben und innerhalb von Gruppen sollen uns ermutigen, auf dem Weg zu bleiben. Es geht beim täglichen Sonnengebet nicht um Leistung oder Ergebnisse, sondern um die langsame Verwandlung des Leibes, Veränderungen des Lebens und der Vertiefung der Einheit mit Gott.

In den letzten zwanzig Jahren habe ich im Rahmen meiner Meditationskurse in Deutschland und Österreich vielen Menschen zu dieser Form des Betens verhelfen dürfen. Viele von ihnen beginnen regelmäßig ihren Tag mit dem Sonnengebet, das etwa eine Viertelstunde in Anspruch nimmt und an das sich eine Meditation anschließt. Sie berichten, dass sie am Tag ganz anders da sind: viel ausgeglichener, engagierter und barmherziger. Solche Erfahrungen haben mich ermutigt, diese Gebetsform breiteren Kreisen zugänglich zu machen. In Europa stellt man heute einen neuen Aufbruch der Spiritualität fest. Viele Menschen suchen einen mystischen, leibbezogenen und weltverwandelnden Zugang zur Gotteserfahrung. Diesen suchenden und mitpilgernden Schwestern und Brüdern sei dieses Buch gewidmet.

P. Sebastian Painadath SJ

II. Grundübungsreihe des Sonnengebets

... verwurzelt ...

Aufrecht, entspannt
und fest stehen.
Sich als einen Baum vorstellen
und das Verwurzeltsein
in der Erde spüren.

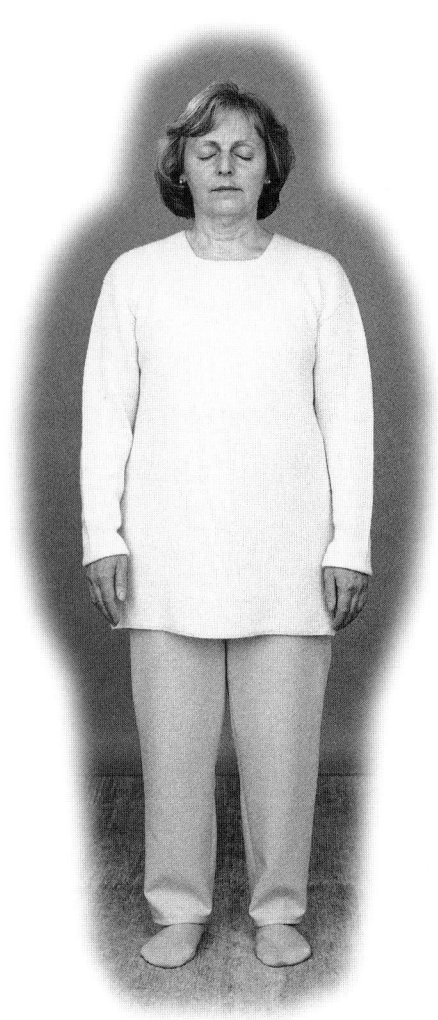

Im göttlichen Grund verwurzelt,
gestalte ich diesen neuen Tag.

Nicht du trägst die Wurzel, sondern die Wurzel trägt dich.
Römerbrief 11,18

Sprich OM und dringe tiefer und tiefer hinein.
Mögest du das andere Ufer der Dunkelheit erreichen!
Mundaka Upanishad 2.2.2.6

Ich bin

Langsam die Hände falten
und sie vor dem Herzzentrum halten.
Den ganzen Leib liebevoll durchspüren
und die belebende Atemkraft wahrnehmen.
Dankbar sein, dass die letzte Nacht
nicht meine letzte Nacht war.

Ich bin dankbar, dass ich da bin,
dankbar für den neuen Tag.

Euer Leib ist der Tempel des göttlichen Geistes, der in euch
wohnt.
Verherrlicht Gott in eurem Leib.

1. Korintherbrief 6,19–20

Om, ich versenke mich andächtig in das ehrwürdige Licht
der göttlichen Sonne,
die die Erde, den Himmel sowie mein Innerstes durchdringt.
Möge sie mein Bewusstsein mit Kraft erfüllen!

Riga-Veda 3.62.10

... entfaltet ...

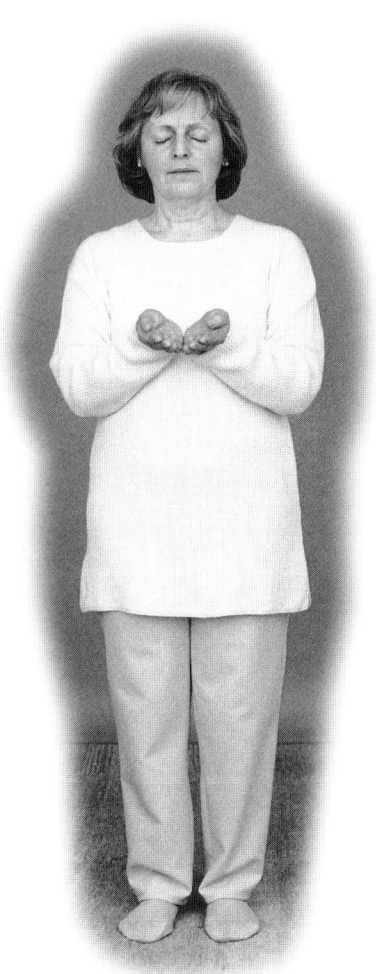

Die Hände langsam wie eine Schale
öffnen – sich selbst öffnend.
In die Hände hineinspüren,
und sich das eigene Leben wie eine
geöffnete Schale vorstellen.

Ich werde eine Schale:
Bereit zu empfangen, bereit zu geben.

Gott ist Geist, und alle, die ihn anbeten, müssen im Geist und in
der Wahrheit anbeten.

Johannes 4,24

Om, Fülle dort, Fülle hier:
Fülle geht aus der Fülle hervor.
Nimm Fülle weg von Fülle:
Und doch bleibt Fülle bestehen.

Brihadaranyaka Upanishad 5.1

... bejaht ...

Die Arme ausbreiten,
sich weiter öffnen,
und zum ersten Mal
bewusst in das Tageslicht
schauen und die Sonnen-
strahlen wahrnehmen.

*Dieser Tag ist eine Gnade und ein Auftrag.
Mit Freude begrüße ich die Sonne des neuen
Tages.*

Wer aber die Wahrheit tut, kommt zum Licht, damit offenbar
wird, dass seine Taten in Gott vollbracht sind.

Johannes 3,31

Aus dem Nichts führe mich in die Fülle. Aus der Finsternis führe
mich ins Licht. Aus dem Tod führe mich in die Unsterblichkeit.

Brihadaranyaka Upanishad 1.3.28

... erblüht ...

Die Hände nach oben
zueinander bringen,
sie wie eine Lotusblüte öffnen
und zu den Händen hinaufschauen.

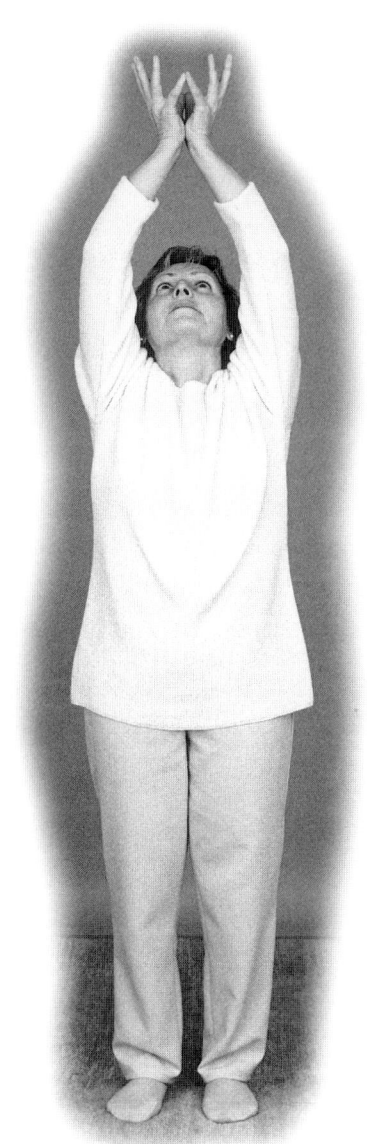

*In der göttlichen Sonne wächst und blüht
mein Leben voll Freude.*

Glaubt an das Licht, damit ihr Kinder des Lichts werdet.

Johannes 12,36

Dieses Licht, das jenseits des Himmels leuchtet, dies ist wahrlich
dasselbe Licht, das im Innern des Menschen leuchtet.

Chandogya Upanishad 3.13.7

... gereift ...

Sich etwas nach hinten spannen
und dann langsam nach vorn verbeugen.
Die Hände zu den Knien bringen
und ganz entspannt bleiben.

Befreit von Angst und bereit
zum Dienen, bin ich ganz da.

*Ihr sollt einander die Füße waschen. Ich habe euch ein Beispiel
gegeben.*

Johannes 13,14.15

*Aus der inneren Freiheit heraus handelt der Wissende,
um die Harmonie der Welt zu fördern.*

Bhagavad-Gita 3.25

... unterwegs ...

Sich tiefer verbeugen,
die Hände auf den Boden stützen,
den rechten Fuß nach hinten strecken
und nach vorn schauen;
die Anspannung im Leib spüren.

Mit Mut und Freude
mache ich mich auf den Weg.

*Geht euren Weg, solange ihr das Licht habt, damit euch nicht
die Finsternis überrascht.*

Johannes 12,35

*Befreit von Habsucht und verwurzelt in Erkenntnis, setze dich
für das Wohl aller Wesen ein. So wirst du Erlösung erlangen.*

Bhagavad-Gita 4.23

... getragen ...

Sich langsam auf den Boden legen,
die Hände aufstützen
und dann nach vorn ausstrecken.
Die tragende Kraft der Erde dankbar spüren.

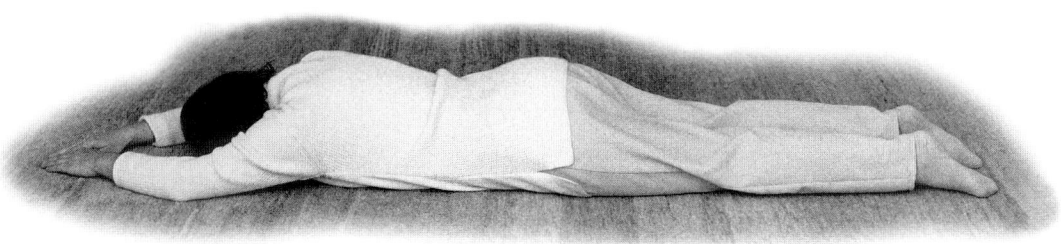

Tiefer kann ich nicht fallen als in den göttlichen Grund, der mich immer trägt.

Das Weizenkorn muss in die Erde fallen und sterben, damit es reiche Frucht bringt.

Johannes 12,24

Woraus die Wesen geboren werden, wodurch sie alle im Leben erhalten bleiben, worin sie eingehen nach dem Tod, das sollst du erkennen: Das ist das Göttliche.

Taitiriya Upanishad 3.1

... erwacht ...

Kopf und Oberkörper heben,
sich mit gestreckten Armen abstützen
und ins Tageslicht schauen.
Die belebende Wärme der Sonne
dankbar im Leib aufnehmen.

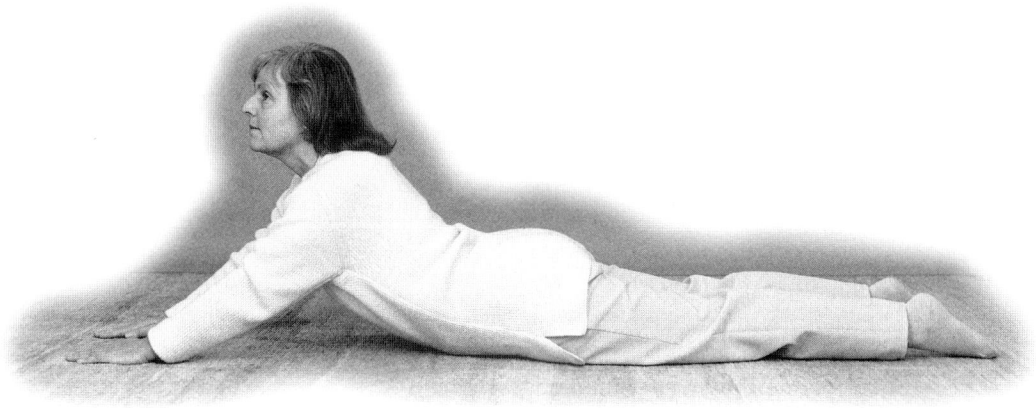

Aus dem göttlichen Grund heraus gestalte
ich mein Leben mit Vertrauen und Hoffnung.

Gott hat euch aus der Finsternis in sein wunderbares
Licht gerufen.

1. Petrusbrief 2,9

Wer in tiefster Einheitserfahrung das Selbst in allen Wesen schaut,
und alles im Selbst, der ist gleichgesinnt mit allem.

Bhagavad-Gita 6.29

... verbunden ...

Sich zum Bogen aufrichten
und die Verankerung in den Händen und Füßen spüren.

*Wie eine Brücke verbinde ich
Menschen miteinander.*

Gott ist die Liebe. Jeder, der liebt, stammt von Gott
und erkennt Gott.
Wenn wir einander lieben, bleiben wir in Gott,
und er bleibt in uns.

1. Johannesbrief 4,7.8.12

Versammelt euch, sprecht miteinander, seid im Geiste vereint.
Gleicher Sinn und gleiches Denken verbinde alle.
Gleich seien eure Absichten, eure Herzen vereint; eins sei euer
Geist, damit alle glücklich zusammenleben können.

Rig-Veda 10.191.2–4

... vertieft ...

Sich auf die Fersen setzen
und tief nach vorn verbeugen.
Die ernährende Kraft der Erde dankbar spüren.

Ich verneige mich in Ehrfurcht
vor der Schöpfung.

Die ganze Schöpfung soll von der Sklaverei und Verlorenheit
 befreit werden zur Freiheit und Herrlichkeit der Kinder Gottes.

Römerbrief 8,21

Gott wohnt im Herzen aller Wesen. Sie werden belebt
und bewegt durch seine schöpferische Kraft.

Bhagavad-Gita 18.61

Ein-Klang

Aufrecht sitzen,
die Hände wie eine Schale
offen halten
und mit geschlossenen Augen
nach innen horchen.

Ich will aufmerksam sein, um unter den
vielen Stimmen seine Stimme herauszuhören.

Wer aus Gott ist, hört die Worte Gottes.

Johannes 8,47

Höre mein göttliches Wort, das tiefste aller Geheimnisse: So sehr
liebe ich dich, dass ich dir sage, was dir zum Heil gereicht.

Bhagavad-Gita 18.64

... bewegt ...

Beim Aufrichten die Hände auf den Boden stützen,
den linken Fuß nach hinten strecken
und in die Weite schauen.

*Mit Vertrauen schaue ich nach vorn
und wage neue Schritte.*

Ich vergesse, was hinter mir liegt, und strecke mich aus
nach dem, was vor mir ist.

Philipperbrief 3,13

Richte all dein Handeln auf mich aus, und nimm Zuflucht ganz
in mir. Ich werde dich von allem Übel befreien; sorge dich nicht!

Bhagavad-Gita 18.66

... gestärkt ...

Sich aufrichten
und dabei die Hände langsam
den Leib entlang aufwärts ziehen.

Ich wende mich ganz den Menschen zu:
Mit meinen vitalen Kräften, meinen Gefühlen,
meinem Sprechen, meinem Hören.

Einen Leib hast du mir geschaffen. Ja, ich komme,
um deinen Willen, Gott, zu tun.

Hebräerbrief 10,5.7

Was immer du tust, was immer du isst,
alles, was du opferst und spendest, weihe es mir.

Bhagavad-Gita 9.27

... verwandelt ...

Die gefalteten Hände in Augenhöhe
vor die Stirn halten
und das geistige Energiezentrum spüren.

Lass das göttliche Licht in mir aufleuchten und mich verwandeln!

Wenn dein ganzer Leib von Licht erfüllt und nichts Finsteres in ihm ist, dann wird er so hell sein, wie wenn eine Lampe dich mit ihrem Schein beleuchtet.

Lukas 11,36

Möge ich Träger des Unsterblichen sein! Möge mein Leib leuchtend sein!

Taittiriya Upanishad 1.4

Licht

Die gefalteten Hände
über den Kopf in die Höhe strecken
und wie eine brennende Kerze stehen.
Die entlang der Wirbelsäule
aufsteigende Wärme im Leib spüren.

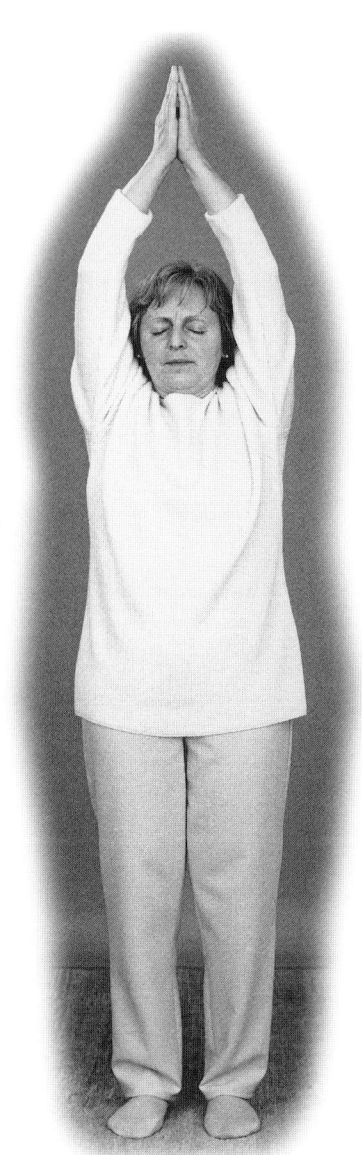

Lass mich Licht, Liebe und Kraft ausstrahlen.

Ich bin das Licht der Welt ... Ihr seid das Licht der Welt.
Euer Licht soll vor den Menschen leuchten.

Johannes 8,12; Matthäus 5,14.16

Sein Licht ist das Licht der Welt, das Licht, das jedes andere
Licht erleuchtet.

Katha Upanishad 5.15

... gesegnet ...

Langsam die Hände
auseinander nehmen und
sie segnend ausbreiten;
dabei liebevoll an die
Menschen denken, die mir
heute begegnen werden.

Lass mich ein Segen sein
für die Menschen um mich.

Selig die Barmherzigen; denn sie werden Erbarmen finden.

Matthäus 5,7

Möge allen Wesen Erfüllung zukommen, möge allen Wesen
Frieden zukommen, möge allen Wesen Heil zukommen …

Altindische Segensformel

... gesandt ...

Die segnend ausgestreckten Arme
mit dem Oberkörper in beide
Richtungen drehen;
dabei der ganzen Umwelt und
Schöpfung das Gute wünschen.

Lass mich Frieden stiften überall, wo ich bin.

Selig, die Frieden stiften; denn sie werden Söhne und Töchter Gottes genannt werden.

Matthäus 5,9

Mögen alle Wesen gesund sein und keine Krankheit spüren, mögen alle das Umfassende sehen und keinen Anteil am Leiden haben.

Altindische Segensformel

Ich bin da

Zum Schluss noch einmal
die Hände falten,
sich kurz verneigen
und den Tag mit all den
Erfahrungen herzlich begrüßen.

Das Göttliche in mir grüßt das Göttliche in dir!

Das Reich Gottes ist schon mitten unter euch. Dein Reich komme, dein Wille geschehe!

Lukas 17,21; Matthäus 6,10

Suchen wir gemeinsam Gottes Kraft; möge sie für uns alle zum Licht werden!

Katha Upanishad 1.1

Zum Abschluss sich zu einer kurzen Meditation setzen.
Den ganzen Leib liebevoll erspüren
und dabei den Atem dankbar wahrnehmen.

Mein Leib ist der Tempel
des göttlichen Geistes.
Mein Atem ist der belebende
Hauch Gottes in mir.

Der eine Gott gibt allen das Leben, den Atem. In ihm leben wir,
bewegen wir uns und sind wir.

Apostelgeschichte 17,25.28

Sei mit dem göttlichen Grund vereint und erfülle deine Aufgaben
in der Welt.

Bhagavad-Gita 2.48

III.
Varianten des Sonnengebets

»Gott schläft im Stein,
atmet in der Pflanze,
träumt im Tier
und erwacht im Menschen.«

Du bist Erde!

Einführung

Knapper als in dieser indischen Weisheit lässt sich die Schöpfungsgeschichte, die Entstehungsgeschichte unserer Erde und die Evolution der Menschheit wohl nicht zusammenfassen.

Diese ganzheitliche Zusammenschau, wie alles auf unserer Erde sich gegenseitig durchwirkt, voneinander lebt und in einem ständigen Stirb- und Werde-Prozess dem »neuen Himmel und der neuen Erde« (Jesaja 65,17; Offenbarung 21,1) entgegenwächst, finden wir in zahlreichen Zeugnissen mystisch begnadeter Menschen. »Alles antwortet einander, alles hält einander in einem von Spannung erfüllten Feld«, so erfuhr es zum Beispiel Hildegard von Bingen. Jedes menschliche Wesen – vorausgesetzt, es ist noch zum Staunen fähig – entdeckt allein durch seine erwachten Sinne unzählige dieser Wunder.

Auch mein Leib, den ich bewohne, ist ein Wunder – ein Mikrokosmos.

Die Erde ist nicht tote Materie, die unter uns liegt, sondern die erweiterte Form unseres Leibes. Unser Leib ist eine verwandelte Form der Erde. Die Nahrung, die wir zu uns nehmen – Getreide, Gemüse, Früchte – dies alles ist eigentlich verwandelte Erde. Das Wasser, das wir trinken, ist Saft der Erde. Aus Mineralien und Spurenelementen sind die Knochen gebaut wie die Gesteine und der fruchtbare Boden. Die Erde verwandelt sich ständig in unseren Leib. Die Erde ernährt uns. Wir sind Kinder der Mutter-Erde.

Im Bewusstsein der tiefen Einheit mit der Erde können wir sagen: Ich bin in der Erde; die Erde ist in mir; ich und die Erde sind eins!

Der Mensch ist ein Stück zum Bewusstsein erwachte Erde. Geerdet leben ist eine Gnade, aber auch ein Auftrag, diese Erde zu bebauen und zu pflegen, zu schützen und zu achten. Der Bezug des Menschen zur Erde soll geistig vertieft werden. So entsteht ein Bewusstsein der Harmonie mit allem, was aus der Erde wächst. Der Mensch fühlt sich geschwisterlich mit den Tieren und Vögeln, mit den Pflanzen und Blumen, mit den Flüssen und Bergen verbunden. Letztlich ist die Erde *Leib Gottes*.

Diese Einheit mit der Erde findet auch Ausdruck in unserer Sprache: Wir sprechen von Wasser-*Adern*, Wasser-*Armen*, Berg-*Rücken*, Land- und Gletscher-*Zungen*, Tal-*Sohlen*, von einem fruchtbaren *Becken* …

»Durch seinen Leib ist der Mensch in die gesamte Schöpfung eingeästet wie die Zweige in den Baum. Und umgekehrt ist alle Kreatur in ihm angelegt, sozusagen in ihm eingezeichnet.«
Sr. Cäcilia Bonn zum Bild »Kosmosmensch« der Hildegard von Bingen

Aus diesem tiefen Erkennen heraus sucht der Mensch im Laufe seiner Entwicklung bis heute den Weg zur Mitgestaltung der Erde: Er erfindet das Feuer, kultiviert die Erde, erspürt heilende Kräfte in den Schätzen und Rhythmen der Natur. Das Bewusstwerden der Aufrichtekraft durchwirkt sogar die Architektur: Der Mensch lernt das Gestalten einer Säule. Er erkennt die dritte Dimension und beginnt räumlich zu malen. Er erfährt später die Bedeutung des Lichts und erlebt sich als transzendent. Schließlich wird die Ahnung zur Gewissheit: Alle Materie ist Schwingung, ist Klang. Überall da, wo Begriffe und Erklärungen für innere Erfahrungen längst nicht mehr hinreichen, greift der Mensch zu Bildern: wie wir sie beispielsweise in Mythen, Märchen und in der Dichtung finden oder aus den vielen Zeugnissen der »bildenden« Kunst kennen. Ein anderer unmittelbarer Weg, mit hineingenommen zu sein in die nicht mehr zu beschreibende Welt, ist die großartige Verständigungsmöglichkeit über die Musik.

In jedem verantwortungsbewussten Umgang mit unserer Erde – von der Pflege eines Stücks Gartenerde angefangen bis hin zur Wahrnehmung meiner selbst als zum Bewusst-sein erwachter Erde – gestalte ich als geistvoller, spiritueller Mensch das »Antlitz der Erde« mit.

Auf dem Hintergrund dieser Zusammenschau bietet es sich an, die Gebärden aus dem Sonnengebet einmal so zu reihen, dass wir jenen großen Bogen erleben:

Die Erde lag da; »wüst und leer« und noch in Finsternis.
Das erste Leben regt sich bis hin zum Aufrichten der Erde im »Adam«,
der mit göttlichem Lebensodem beseelt im schöpferischen Geist erwacht
und im Segen wieder eingeht in diese Erde.

Übung
Erde-Gebärden

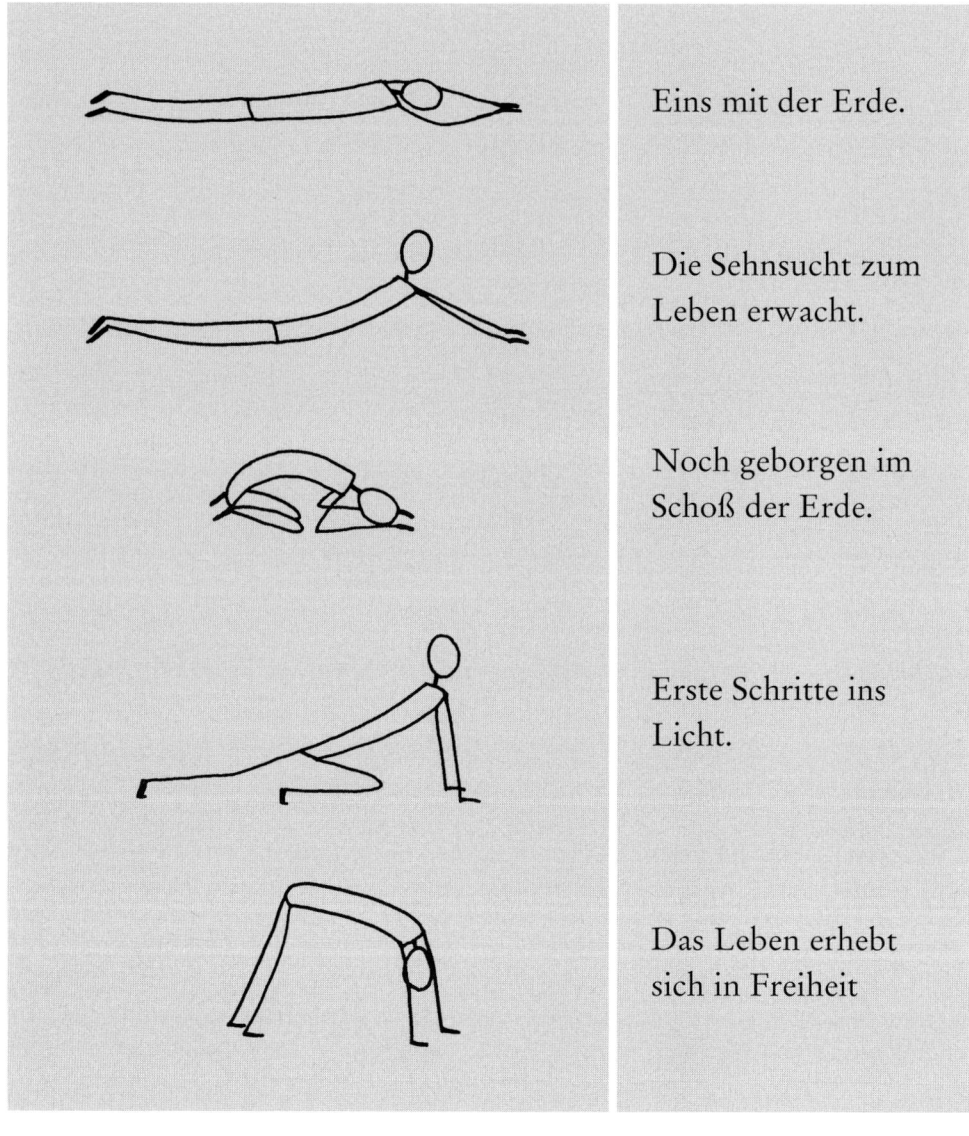

Eins mit der Erde.

Die Sehnsucht zum Leben erwacht.

Noch geborgen im Schoß der Erde.

Erste Schritte ins Licht.

Das Leben erhebt sich in Freiheit

und neues
Bewusstsein erwacht.

Die Erde entfaltet
sich

und öffnet sich dem
Licht.

Neue Schritte in die
Verwandlung.

Der Leib richtet sich
ganz auf

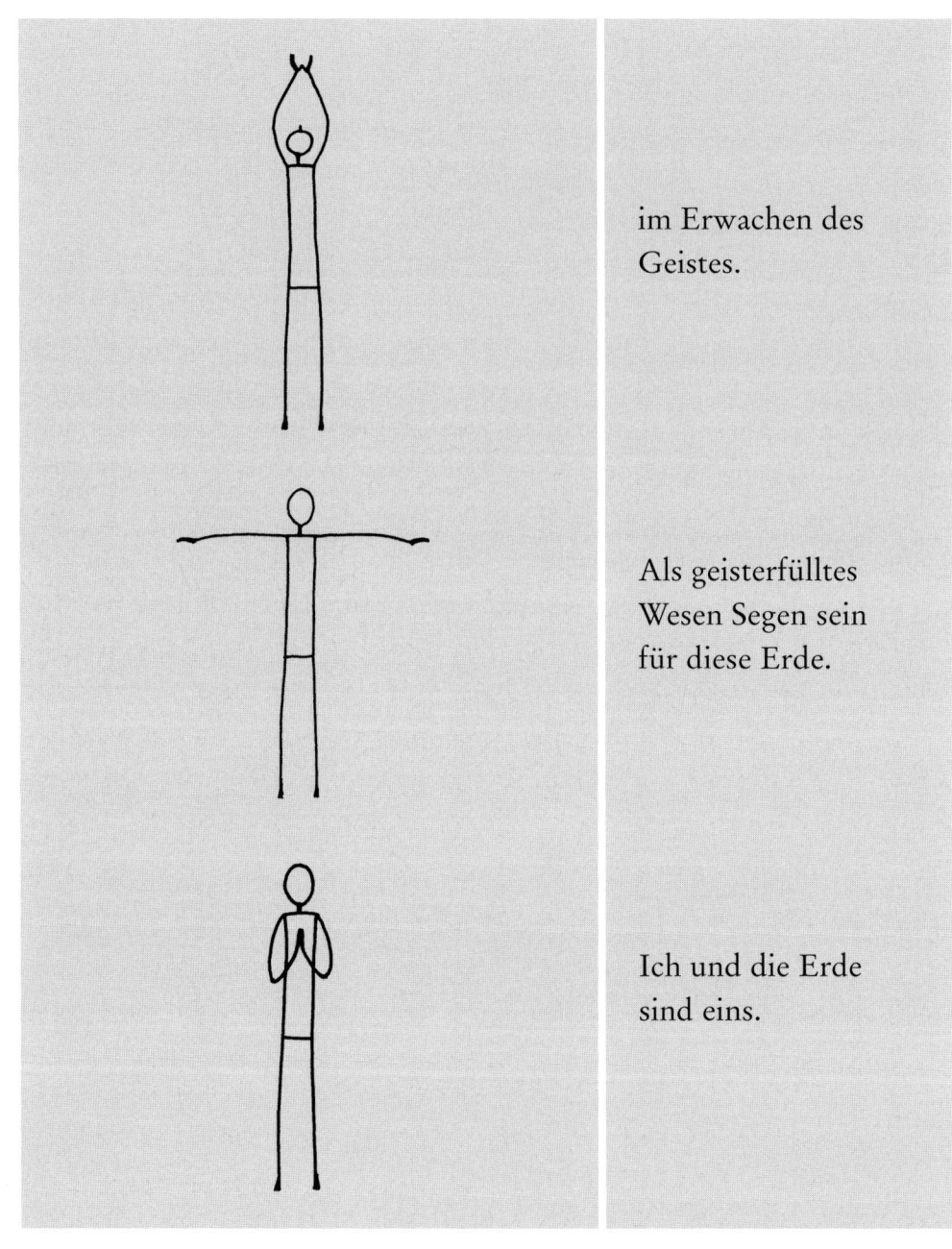

im Erwachen des Geistes.

Als geisterfülltes Wesen Segen sein für diese Erde.

Ich und die Erde sind eins.

Baum werden

Einführung

Wir Menschen mögen Bäume. Bäume faszinieren uns. Kinder klettern gerne auf Bäume. Wenn wir müde sind, erholen wir uns schnell unter Bäumen oder durch einen Waldspaziergang. Der Baum gibt uns Menschen Schutz und Geborgenheit.

Der Mensch ist wie ein Baum, wie ein »umgekehrter Baum«, sagten die Weisen im Osten. Auch Platon sah es so. Die anatomische Struktur des menschlichen Körpers ähnelt einem Baum. Das Gehirn ist wie ein Wurzelstock. Von da aus wachsen Blutgefäße, Lymphen, Nerven und Meridiane nach unten – wie Äste und Zweige. Ein Querschnitt der Lunge, des Gehirns, der Nieren sowie eines Muskels zeigt große Ähnlichkeit zur Baumgestalt. Die Plazenta sieht wie eine Pflanze aus.

Der menschliche Körper steht und wächst also wie ein Baum.

Ständig werden wir Menschen von Bäumen und Pflanzen ernährt: Getreide und Gemüse, Früchte und Blätter … Heilkräuter richten die Kranken auf, Blumen erfrischen unsere Herzen. Die Bäume atmen Sauerstoff aus, von dem wir leben. Bäume sind die ernährenden Mutterbrüste der Erde, die uns umarmenden und segnenden Hände der Mutter-Erde.

Der Baum erweckt die geistige Intuition der Weisen, die schöpferische Phantasie der Künstler und Dichter. Seit ältester Zeit haben die Meister unter Bäumen gelehrt. Buddha erhielt seine Erleuchtung unter dem Baum. Jesus lehrte oft unter Bäumen. Der Baum ist der Urmeister der Menschheit.

Der Mensch ist berufen, Baum zu werden, den inneren Baum in ihm zur Entfaltung zu bringen – den Baum des Lebens, den Baum der wahren Erkenntnis. Wer die Sprache des Baumes versteht, erfährt mehr »Boden unter den Füßen«.

Wie ein Baum stehen wir fest im göttlichen Grund verwurzelt. Wir verzweigen uns mit Gedanken und Gefühlen zu anderen Menschen.

Wie ein Baum erhalten wir das erhellende Licht der göttlichen Sonne und den belebenden Atem des göttlichen Geistes.

Wie ein Baum tragen wir Früchte der Liebe und Güte im Denken und im Einsatz.

Wie Blätter eines Baumes sind wir in der Tiefe miteinander verbunden und ernähren uns gegenseitig.

Wie ein Baum zu wachsen, blühen, reifen und Früchte zu tragen – das macht unser Leben frei und glücklich.

Und wenn der letzte Atem von uns zurückgenommen wird, kehren wir wie ein Baum zurück zu göttlichem Mutterboden, worin wir uns ewig geborgen fühlen.

Ein Baum werden!

Dazu könnte die folgende Reihe von Gebärden uns helfen. Durchgehend nehmen wir uns bei dieser Übung wie einen Baum wahr: leibhaft und geistig, mit Gefühlen und Vorstellungen ... Mittels der Gebärden durchleben wir den Werdegang des Baumes. Und dadurch werden wir uns des inneren Baumes bewusster: Wir erfahren den Baum, der aus dem Verwurzeltsein im göttlichen Grund heraus das Verbundensein mit den Mitgeschöpfen fördert. – So wird die Gestaltung des Tages bodenfest und befreiend.

Übung
Baum-Gebärden

Einheit mit der Erde spüren.

Das Samenkorn bereitet sich auf das Keimen vor.

Aus dem Mutterleib der Erde – herausgesprossen – doch darin verwurzelt.

Das Licht der Sonne bricht ein.

Die Kraft der Sonne weckt mich auf.

Der Baum richtet sich aus der Erde auf.

Der Lebenssaft treibt die Spröss-linge heraus

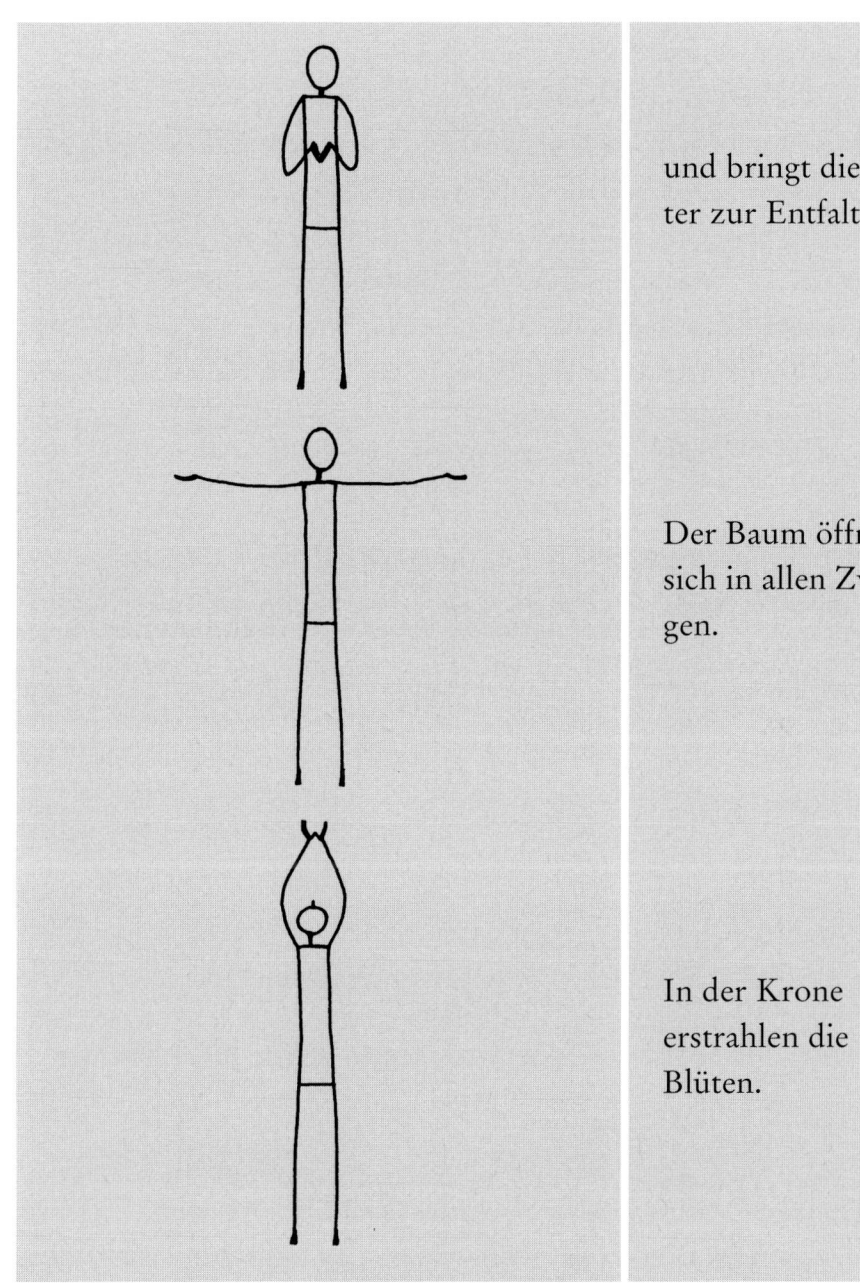

und bringt die Blät-
ter zur Entfaltung.

Der Baum öffnet
sich in allen Zwei-
gen.

In der Krone
erstrahlen die
Blüten.

Schatten und Schutz spendend steht der Baum da.

In allen Richtungen und für alle Lebewesen.

Die Früchte lassen die Äste zur Erde sinken.

Zurück zur Erdenheimat.

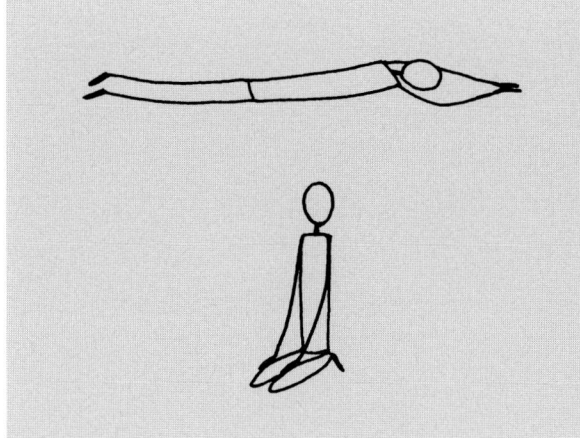

Sich im Mutterschoß
der Erde geborgen
fühlen.

Meditation:
Wie ein Baum
geerdet sitzen!

Die Yoga-Form des Sonnengebets (Suryanamaskar)

Einführung

Yoga heißt Integration, Einheit, Harmonie mit allem. Yoga meint sowohl den integrativen Übungsweg als auch die Erfahrung der Harmonie mit dem Göttlichen. Als klassische Schrift der Yoga-Tradition gelten die Yoga-Sutras von Patanjali (5. Jahrhundert vor Christus).

Die Yoga-Form des Sonnengebets besteht aus zwölf öffnenden und schließenden Körperhaltungen, die sich abwechseln und zu einer ganzheitlichen Belebung des Leibes führen. Dadurch entsteht eine Erfahrung der Einheit zwischen Leib und Geist, zwischen Männlichem und Weiblichem, zwischen dem Einzelnen und dem Kosmos, zwischen dem Menschen und dem Göttlichen.

Der Übende wendet sich in früher Morgenstunde der aufgehenden Sonne zu und vollzieht mehrfach den mit Ein- und Ausatem verbundenen Übungsvorgang. Während der Übung wird der Strom der Atemkraft (*prana / chi*) durch die bewusste Aufnahme der Sonnenenergie belebt. Man spricht von einer Vermählung zwischen der männlichen

Sonnenenergie und der weiblich-irdischen Lebenskraft durch das Auf- und Abfließen des Prana in der Wirbelsäule.

In diesem erfrischenden Vorgang werden die sieben Kraftzentren (Chakras) entlang der Wirbelsäule angeregt, sich zu öffnen und geistige Schwingungen im ganzen Leib hervorzurufen. Daher ist es wichtig, diese Reihe der öffnenden und schließenden Haltungen mit dem Rhythmus des bewussten Ein- und Ausatmens diszipliniert und regelmäßig zu üben. Eine Übungs-Variante also, die genauerer Kenntnis und gründlicher Erfahrung bedarf: Sie sollte anfangs unter sorgsamer Anleitung erfolgen.

Übung

Chakras (D

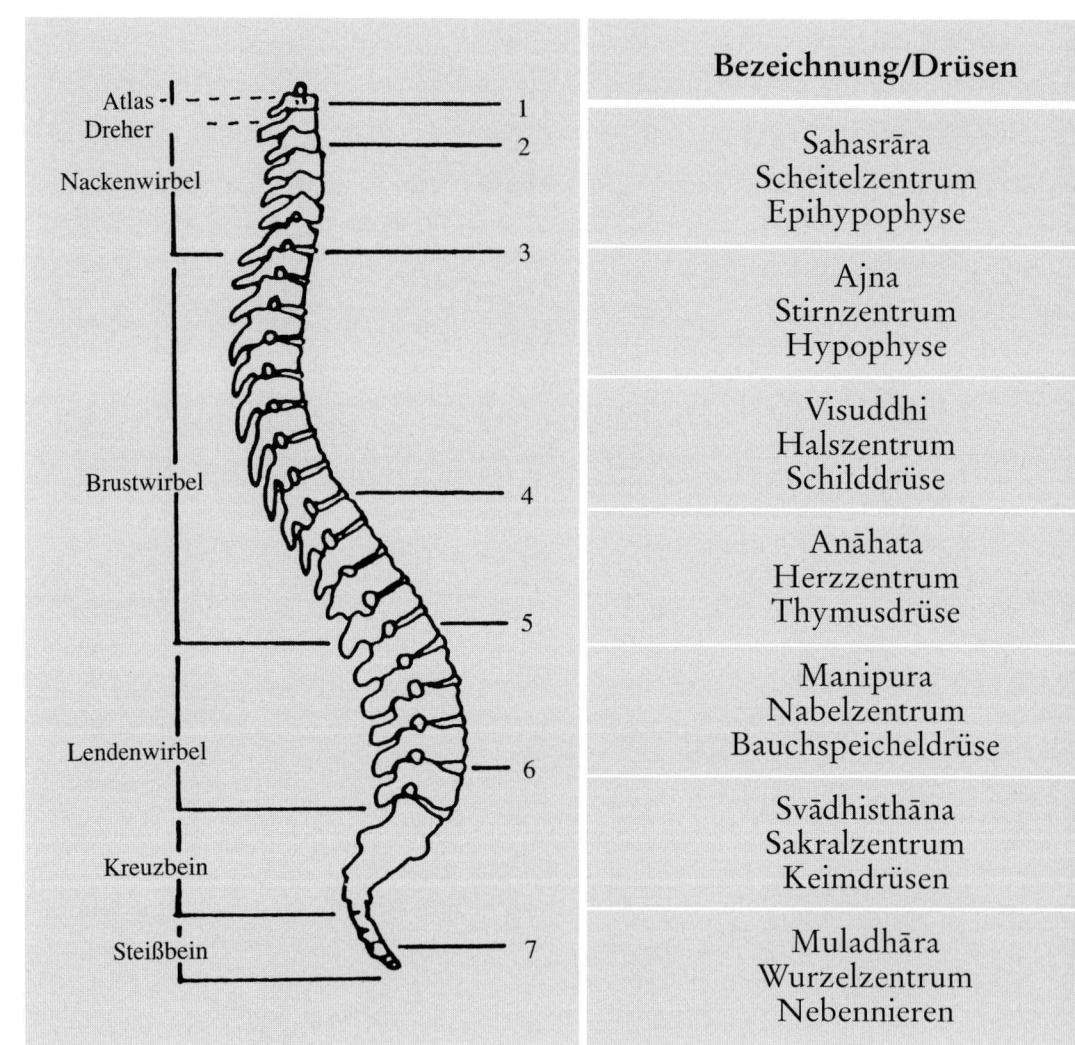

	Bezeichnung/Drüsen
Atlas – 1	Sahasrāra Scheitelzentrum Epihypophyse
Dreher – 2	
Nackenwirbel	
3	Ajna Stirnzentrum Hypophyse
	Visuddhi Halszentrum Schilddrüse
Brustwirbel – 4	Anāhata Herzzentrum Thymusdrüse
5	Manipura Nabelzentrum Bauchspeicheldrüse
Lendenwirbel – 6	Svādhisthāna Sakralzentrum Keimdrüsen
Kreuzbein	
Steißbein – 7	Muladhāra Wurzelzentrum Nebennieren

raftzentren)

Zugeordnete Organe	Wirkungen
Großhirn, Schädeldecke	transzendierend Einheit mit dem Ganzen universales Bewusstsein
Gesichtsbereich, Ohren, Nervensystem	erkennend Innenschau Intuition
Lungenbereich, Bronchien, Sprechapparatur	vermittelnd Kommunikation Selbstausdruck
Brustkorb, Herz, Blutkreislaufsystem	öffnend Liebe Mitempfinden
Bauchhöhle, Verdauungssystem	gestaltend Kreativität Gefühle
Beckenraum, Genitalien, Nieren	reinigend Faszination Sinnlichkeit
Rektum, Knochen, Beine	stabilisierend Urvertrauen Durchsetzungskraft

Haltung	Atmen
	Normal atmen
	Ein-
	Aus-
	Ein-
	Anhalten
	Aus-

Yoga-Haltung	Entsprechende Chakras
Pranāmāsana	Herzzentrum
Urdhvahastāsana	Halszentrum
Pādahastāsana	Sakralzentrum
Asvāsana	Stirnzentrum
Bhujangasana	Halszentrum
Ashtāmgāsana	Nabelzentrum

Haltung	Atmen
	Ein-
	Aus-
	Ein-
	Aus-
	Ein-
	Normal atmen

Yoga-Haltung	Entsprechende Chakras
Urdhvamukhāsana	Sakralzentrum
Parvatāsana	Halszentrum
Asvāsna	Stirnzentrum
Pādahastāsana	Sakralzentrum
Urdhvahastāsana	Halszentrum
Pranāmāsana	Herzzentrum

Sonnenlicht – Lebenselixier unserer Leiblichkeit

Einführung

Über viele Jahrhunderte hindurch hat sich die Anschauung gefestigt, dass nur über eine gesunde und ausreichende Ernährung unser Leib am Leben erhalten werden kann. Diese Meinung wurde durch die materialistische Weltanschauung noch verstärkt und alles auf »Kalorien, Mineralien, Proteine und bestenfalls noch auf Vitamine« reduziert.

Die moderne wissenschaftliche Forschung zeigt uns aber ganz andere erstaunliche Tatsachen: Der Anteil der Nahrung am »Energieumsatz« unseres Leibes beträgt nur $1/5$! Damit stellt sich die Frage: Woher kommt der überwiegende Anteil jener Energie, die für unser biologisches (Über-)Leben notwendig ist?

Unser materialistisches Weltbild bedarf einer grundlegenden Erweiterung, nämlich, dass unser Leib ein *elektromagnetisches* System darstellt, einen Resonanzapparat, der auf ein breites Spektrum elektromagnetischer Energiequellen, Magnetfelder und Skalarfelder reagiert und über Sensoren wie Augen und Haut (Zellen) diese Energien aufnehmen und speichern kann. Es ist sehr wahr, was uns die Heilige Schrift nahe bringen will: *»Der Mensch lebt nicht vom Brot allein ...«.*

Fassen wir die unterschiedlichen Energiespender für unseren Leib zusammen:

- Die Nahrungsaufnahme als materialisierte Sonnenenergie durch Photosynthese (ca. $\frac{1}{5}$).
- Die Atemluft, was nicht nur Sauerstoffaustausch bedeutet, sondern die durch die Ionisation der Luft eine hohe elektrische Ladung besitzt und damit Stoffwechselprozesse steuert.
- Die Erdstrahlung in Form von Strahlungsenergie (jede Materie strahlt) und dem pulsierenden Erdmagnetfeld (Schuhmann-Wellen 7,8 Hz), was einen hoch vitalisierenden Einfluss auf Blut und Immunsystem hat.
- Die kosmische Strahlung, die vermutlich informativen Charakter hat und möglicherweise die Information im genetischen Code beeinflusst. Die Wirkungsweise der Fixsterne, Galaxien und Pulsare ist noch weitgehendst unerforscht und hat noch spekulativen Charakter.
- Die Sonnenstrahlung, sie hat wohl die größte Bedeutung für unser biologisches Dasein. Sie liefert uns ein breites Spektrum an elektromagnetischer Strahlung, vom Infrarot (Wärmestrahlung) über das sichtbare Spektrum bis in die ultraviolette Strahlung. Letztere hat eine besondere Bedeutung für unser Zell-Informations-System im Zellkern.

Wenden wir uns dem letzten und für die Biologie wohl bedeutendsten Punkt zu: der Sonnenstrahlung: Jede Zelle mit ihren unterschiedlichen Funktionseinheiten hat die Eigenschaft, durch Resonanz Energie zu absorbieren. So haben die Mitochondrien (das Kraftwerk der Zellen) eine Eigenfrequenz mit einer Wellenlänge von ca. 2000 nm (Nanometer), was der Infrarot- oder Wärmestrahlung entspricht. Trifft nun eine

Strahlung dieser Wellenlänge auf eine Zelle, kommt es zur Resonanz in den Mitochondrien und damit zur Resorption dieser Strahlung. Ähnliches geschieht im Zellkern, der auf eine Wellenlänge von ca. 250 nm resoniert und auf das ultraviolette Spektrum des Sonnenlichtes reagiert. Damit werden Photonen (Lichtquanten) im Zellkern gespeichert und wir werden im wahrsten Sinne des Wortes zum Lichtträger. Da der Zellkern in der DNS die gesamte biologische *Information* enthält, drängt sich der Gedanke auf, ob diese Wellenlänge mit Einsicht und Erkenntnis zu tun haben könnte? Ist es der viel zitierte so genannte 6. Sinn? Die Verbindung zur Heiligen Schrift liegt nahe, wo es bei Matthäus 5,14 heißt: »*Ihr seid das Licht der Welt …*«, oder 1 Korinther 6,19: »*Wisst ihr nicht, dass euer Leib ein Tempel des Heiligen Geistes ist, der in euch wohnt …*«.

Forschungen von Fritz Hollwich ergaben, dass die Augen mehr sind als nur ein Instrument zum Sehen. Sie bilden ein ganzheitliches Aufnahmeorgan für Sonnenlicht. Über die so genannte »energetische Sehbahn«, die die Augen direkt mit dem Hypothalamus, der Hypophyse und der Zirbeldrüse verbindet, wird der gesamte Organismus energetisiert. Diese Organe bilden durch unterschiedliche Lichteinstrahlung Hormone, die physiologische Prozesse steuern und damit den ganzen Leib beeinflussen. Dabei reagiert beispielsweise die Zirbeldrüse sowohl auf Helligkeitsveränderungen sowie auch auf verschiedene Farben des Sonnenlichts. Umgekehrt wirkt die Zirbeldrüse auch auf die Aufnahme des Sonnenlichts über Augen und Haut zurück, denn die Öffnung der Iris wird über die »energetische Sehbahn« mitgesteuert und mit dem Zirbeldrüsen-Hormon Melanin werden Kontraktionen und Expansionen der Haut beeinflusst. Das Auge ist also nicht nur ein »Bild-Empfänger« für das sichtbare Licht, sondern auch ein »Energiekanal« zur Vitalisierung des gesamten Leibes. In Matthäus 6,22 steht: *»Die Leuchte des Leibes ist das Auge: wenn dein Auge klar ist, so wird deine ganze Gestalt licht sein; ist aber dein Auge düster, so wird deine ganze Gestalt finster sein …«,* oder Lukas 11,34: *»Dein Auge gibt dem Körper Licht. Wenn dein Auge gesund ist, wird auch dein ganzer Körper hell sein …«.*

Betrachten wir in diesem Zusammenhang nochmals die Haut. Sie hat *flüssigkristalline* Eigenschaften. Da die Kristallstruktur wie eine hochsensible Antenne auf Gedankenimpulse reagiert, kann allein durch Konzentration auf Licht die Energieaufnahme über die Haut verstärkt werden. Dies konnte Marcel Vogel in langjährigen Versuchen nachweisen, indem er Flüssigkristalle elektronenmikroskopisch beobachtete und die einzelnen Kristalle nur durch Visualisation und Gedankenkonzentration zu steuern in der Lage war und sie zu bestimmten Mustern anordnen konnte.

Das Prinzip der Energiekontrolle durch Konzentration scheint den Weisen und Yogis schon seit vielen Jahrhunderten bekannt zu sein. Sie entwickelten Übungen und Methoden, die es ihnen ermöglichten, so genannte »Wunderkräfte« zu entfalten. Yoga und Meditation wurden so geradezu ein »wissenschaftlicher Weg« zur Entfaltung höchster menschlicher Fähigkeiten. Sind wir dazu nicht ausdrücklich aufgerufen, wenn es in der Heiligen Schrift heißt: *»Macht euch die Erde untertan …«.* Allerdings im Sinne von bewahren und schützen, wie es in Genesis 2,15 ausdrücklich heißt: *»Gott, der Herr, nahm also den Menschen und setzte ihn in den Garten von Eden, damit er ihn bebaue und*

behüte …«. Durch die materialistische Weltanschauung und Gewinn-
sucht wurde unsere »Mutter Erde« zu einem Rohstofflager reduziert,
das immer noch gewissenlos ausgebeutet und zerstört wird. Ist es nicht
die Aufgabe der Wissenschaft, uns mit den Geheimnissen der Schöpfung vertraut zu machen, damit wir unserem geistigen Erbe und Auftrag gerecht werden? Leider fehlt ihr teilweise noch die geistig-ethische
Orientierung, wenn wir bedenken, wie sorglos im genetischen Code,
der »Sprache der Schöpfung«, manipuliert wird. Wenn Wissenschaft
zum Selbstzweck wird, dann wird sie zur Gefahr für die gesamte
Schöpfung. *»Wir brauchen aber die Wissenschaft, um den Geist Gottes
besser verstehen zu lernen«*, wie Marcel Vogel es ausdrückte.

Jesus hat uns in Vollendung gezeigt, was wahres Menschsein bedeutet:
Meisterschaft in Selbstbeherrschung und Meisterschaft im Umgang mit
den machtvollen kosmischen Energien in Liebe und Verantwortung
zum Segen des Ganzen.

Übung in diesem Sinne heißt auch Nachfolge, heißt verantwortungs-
volle Meisterschaft erlangen im Umgang mit den uns verfügbaren
schöpferischen Energien. Bedenken wir nochmals, dass Energie durch
Konzentration und Vorstellungskraft gelenkt wird und dass wir so
direkt an der Gestaltung unseres Umfelds beteiligt sind. Alles, was wir
»aussenden«, wirkt gesetzmäßig durch Resonanz wieder auf uns selbst
zurück. *»Was du säst, wirst du ernten …«*

Eine seit Jahrhunderten in Indien praktizierte Übung und Gebets-
haltung ist *»Der Gruß an die Sonne«* (Suryanamaskar), geübt in den
frühen Morgenstunden, um sich bewusst einzustimmen auf den neuen

Tag. Geist und Leib werden so disponiert, dem wahren Leben in uns immer mehr Raum und Zeit zu geben, damit der Geist Gottes in und durch uns wirken kann.

So kann uns das Sonnengebet, als Bewusstseinsübung praktiziert, zu einer Tiefenerfahrung verhelfen, in der uns eine Ahnung vom Wirken der »göttlichen Strahlung« in unserem Leib erfahrbar wird.

Übung

Die durch die Wirbelsäule auf- und abfließende Lebenskraft des Lichtes wahrnehmen	Die Hände ganz nach unten gefaltet halten	Die Hände am Unterbauch geöffnet halten	Die Hände oberhalb des Nabels ineinander halten
Aufmerksamkeit auf das entsprechende Kraftzentrum (Chakra) und spezifische Farbe lenken	Wurzelzentrum Rot	Sakralzentrum Orange	Nabelzentrum Gelb
Impulse aus dem Neuen Testament	Licht der Welt (Johannes 8,12)	Licht des Lebens (Johannes 12,46)	Aus der Finsternis zum Licht (Eph 5,3)

Die Hände am Herz-zentrum gefaltet halten	Die Hände um den Hals geöff-net halten	Die Hände zwischen den Augen gefaltet halten	Die Hände über dem Scheitel-zentrum geöffnet halten
Herzzentrum Grün	Halszentrum Blau	Stirnzentrum Indigo	Scheitelzentrum Violett
Wer liebt, bleibt im Licht (1 Johannes 2,10)	Das Wort ist das Licht (Johannes 1,4)	Der ganze Leib ist vom Licht erfüllt (Lukas 11,36)	Kinder des Lichtes werden (Johannes 12,36)

IV.
Das Sonnengebet
für verschiedene Zielgruppen

1. Mit Kindern in Gebärden beten und singen

Kinder leben noch in einer Geist-Seele-Leib-Einheit. Deshalb lassen sie sich voll Freude auf das Gebet in Gebärden ein. Sich in ihrem ganzen Leib auszudrücken ist ihnen gemäß. Mühelos und ohne nachzudenken »erzählen« sie in ihrer spontanen eigenen Körpersprache von aufregenden Erlebnissen, von Naturprozessen, von Freud und Leid in ihrem Leben.

Wir Erwachsene können viel von den Kindern lernen.

Mit Begeisterung »erleben« die Kinder den Werdegang eines Samenkorns oder einer Blumenzwiebel: Zunächst behütet im Erdenschoß, beginnt allmählich ein zaghaftes Erwachen, bis die Blüte wächst und sich immer mehr entfaltet. Schließlich wird es Zeit, – verwandelt – wieder als Samenkorn zurückzukehren. Ein neues Wachsen beginnt.

Das Geheimnis der Bäume, unserer uralten Lehrer, bewegt ebenso: ihr tiefes Verwurzeltsein, ihre aufgerichtete Gestalt, ihr Blühen und Frucht-Tragen, ihre Fülle von Früchten – und – wenn es Zeit ist – ihr

Sich-Trennen auch von den Blättern. In diesen vertrauten Bildern finden wir unsere Lebensabschnitte aufgezeichnet. Mit ihnen begreift auch das Kind, alles Leben ist Entwicklung. Es vollzieht sich in Rhythmen; es steht nicht still; alles ist im Fluss. Der Mensch erfährt sich in einem großen Zusammenhang. Im »leibhaften Beten« geschieht die Öffnung für diesen Prozess, für dieses Sich-Hineinstellen in den großen Zusammenhang.

Im leibhaften Gestalten des Werdegangs von Samenkorn und Baum finden sich auch alle Gebärden aus dem Sonnengebet wieder. Über dieses Einfühlen in vertraute Bilder wächst allmählich ganz von selbst das »eigene Gebet«:

Alles Werden und Vergehen,
die Wandlung von Trauer in Trost
von Enge in Weite
von Angst in Hoffnung
von Erdrücktsein und Rettung
von Gekränkt- und Geheiltsein
alle Ein-drücke finden so zu ihrem heilenden, ganzheitlichen
Aus-druck.

Auch Beten-Lernen ist ein Prozess. Es entwickelt sich, es wächst mit, es wandelt sich. Deshalb ist es sehr wichtig, schon dem kleinen Kind Formen des Betens anzubieten, auf denen es später aufbauen kann, die in jeder Lebenssituation zur Verfügung stehen. Dazu bedürfen die Kinder unserer Hilfe.

Das bedeutet zunächst eine gute Zeit finden und für eine Atmosphäre sorgen, in der das Kind – besser noch der Erwachsene mit dem Kind – ganz im gegenwärtigen Augenblick, ganz aufmerksam und mit allen seinen Sinnen da-sein kann und dem Ausdruck verleiht, was sich im Inneren be-wegt. Neben Gebärden, die es aus dem Vorschlag des Sonnengebets »nachempfindet«, meldet sich vielleicht ganz von selbst ein Bild, ein Gedanke, ein Symbol, ein Vorgang in der Natur, eine Melodie, eine Geste. Alles eignet sich, um es in diesem Augenblick Gestalt werden zu lassen, was sich »ein-bildet«, und so Gebet wird. Die Gesinnung ist es, die etwas zum Gebet werden lässt, nicht das richtige Wort oder die perfekte Haltung.

Die Bilder mit Kindern wollen Anregung und Ermutigung sein, selbst gestaltend zu wirken. Der eigenen Kreativität sind dabei keine Grenzen gesetzt.

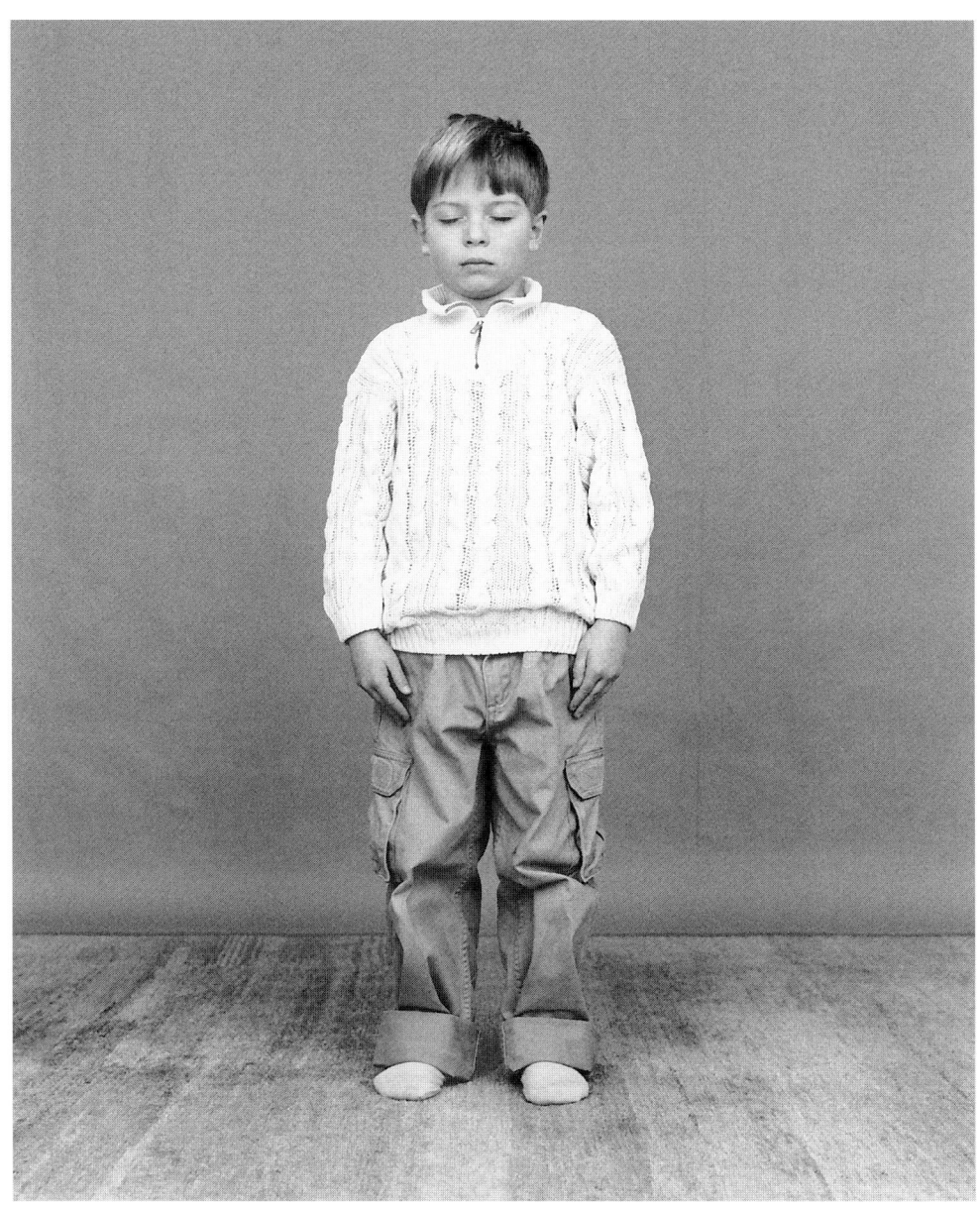

Verwurzelt wie ein Baum

Dem Licht geöffnet

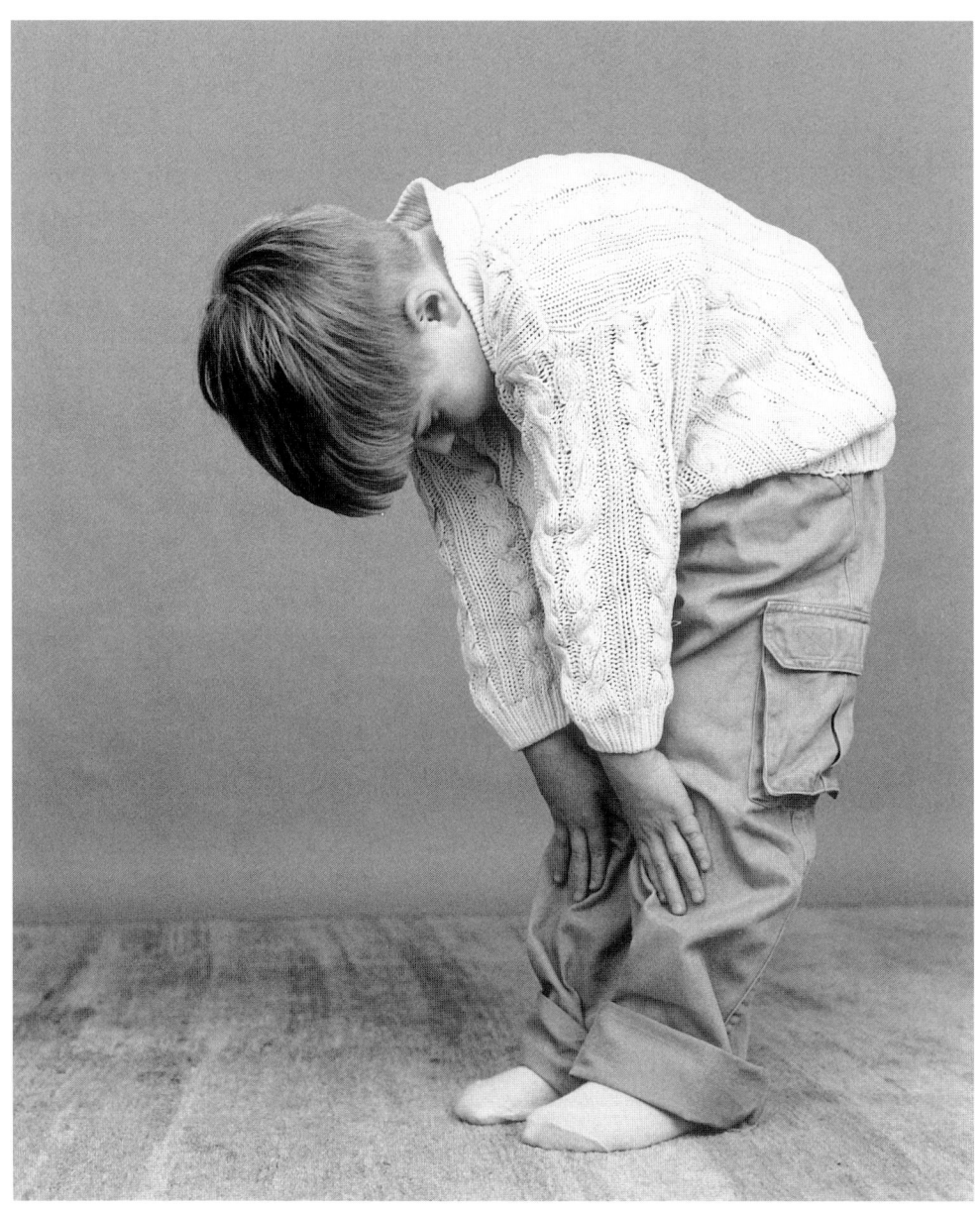

Dankbar sein

Der Erde nahe

Staunen

2. Werde, was du bist! – Oder: Das Sonnengebet als Weg für den heranreifenden Menschen

Wenn der junge Mensch beginnt, sein Leben mehr und mehr selbstständig in die Hand zu nehmen, bedeutet das: Bisher Erfahrenes, Erlerntes wird auf Tragfähigkeit und Glaubwürdigkeit hin überprüft.

Das große Fragen beginnt: Wer bin ich eigentlich wirklich? Muss es nicht doch noch eine andere Dimension in meinem Leben geben? Ein kostbarer Lebensprozess kommt in Gang. Eine Zeit der Wandlung beginnt, auch in der Beziehung zur eigenen Leiblichkeit. Das Leben kommt zur Blüte, es drängt ans Licht. Jetzt wird sich zeigen, was in der geschützten Knospe schlummert. Vielleicht verdeutlicht es das Bild vom Schmetterling noch treffender: Der Platz in der Puppe ist zu eng geworden. Die »Zeit der Raupe« war gut und notwendige Voraussetzung. Jetzt aber will das verwandelte Wesen seine kunstvoll zusammengefalteten Flügel zeigen, beweisen, dass auch Flügel tragen und es noch andere Nahrung, lichtvollere Kost gibt. Der junge Mensch »hebt ab«.

Zunächst bedeutet es ein »Sich-abheben« von übernommenen Traditionen aus Familie, Kultur, Religion. Die Zeit der Selbst-Erfahrung, der Selbst-ständigkeit, der Selbst-findung bringt nicht nur beglückende, erhebende Erfahrungen mit sich. Sie gibt gleichzeitig den Blick in größere Tiefen frei. Für solche Zeiten der Wandlung ist uns Menschen ein wunderbares »Instrument« in die Hand gegeben, das uns einerseits davor schützt, über-heblich zu werden, aber das es uns andererseits ermöglicht, mitzuspielen in der großen Symphonie des Lebens: unser Leib.

Übungen mit dem Leib gleichen dem Üben auf einem Instrument und das Beten im Leib wäre dann nichts anderes, als das Hören auf den »Kammerton« (vgl. Seite 126). An ihm entscheidet sich, ob ich in »der richtigen Stimmung« bin. Eine vielleicht notwendige Korrektur und Übung bringt mich wieder in Harmonie. Der Spieler eines Instrumentes versteht sich als immer weiter Übender. Genauso erfährt sich der Mensch auf dem Weg zur Selbst-werdung, auf dem Weg hin zum wirklichen Selbst über alle beweisbare und berechenbare Wirklichkeit hinaus.

Jugendliche haben das Wissen, das nur einseitig über das Wort weitergegeben wird, die vielen »gepredigten Worte« oft satt. Ihre Seele, der Mensch als ganzheitliches Wesen aber ist hungrig geblieben. Sie suchen nach Autoritäten, die Spiritualität und das »In-der-Welt-Leben« glaubwürdig verbinden, die einfach in ihrer Haltung menschlich überzeugen. Der junge Mensch möchte lernen, dabei all seine Sinne benützen, sein »So-bin-ich« einbringen dürfen, Erfahrungen sammeln – vor allem im Miteinander einer lebensbejahenden Gemeinschaft.

Das Sonnengebet ist eine Einladung, über den Weg der betenden Leiberfahrung, vor allem, wenn es von jungen Menschen z.B. in einer Zeit der Besinnung oder inneren Einkehr gemeinschaftlich geübt wird, zu dem wahren Bild zu finden, das in jedem menschlichen Wesen unverwechselbar ein-gebildet ist: das göttliche Ebenbild.

3. Das Sonnengebet für das reife Alter

Jeder Baum, jede Pflanze ist angelegt, Frucht zu bringen. Auch jeder Mensch wünscht es sich im Grunde seines Herzens: sein Leben als »fruchtbar« zu erfahren im Dienst an der Erde »und was darin lebt« (s. Psalm 24,1).

Wenn der Lebensabschnitt naht, in dem die unmittelbare Aufgabe des »Broterwerbs« sich dem Ende neigt, wartet ein sehr kostbarer Augenblick: Jetzt darf *reifen*, was der Mensch im Frühjahr des Lebens gesät und gepflanzt hat, was im Sommer sich entfaltete und aufblühte.

Ein Baum, der gesegnet ist mit Früchten, biegt sich nicht mehr geschmeidig im Spiel des Windes. Er ist jetzt standhaft.

Ein Weinstock, der voll süßer Trauben hängt, braucht sogar zusätzlichen Halt für seine Rebzweige, und der Sonnenblume ist im Herbst wunderschön zuzuschauen: Wenn sie reift, neigt sie ihr »Haupt« der Erde zu. Ihre Kerne bietet sie Tier und Mensch zur Nahrung und verschenkt sich der Erde, um erneut als Samenkorn »das Leben zu verlieren, um neues zu gewinnen« (Matthäus 10,39 und 1 Korinther 15, 36–37).

Im Betrachten der immer wiederkehrenden Kreisläufe in der Natur fühlt sich der Mensch am deutlichsten hineingenommen in die Begeg-

nung mit der Endlichkeit, die letztlich Wandlung hinein in eine neue Seinsweise bedeutet. »Wenn das Weizenkorn nicht in die Erde fällt und stirbt, bleibt es allein. Wenn es aber stirbt, bringt es reiche Frucht (Johannes 12,24). – So lehrt Jesus seine Jüngerinnen und Jünger.

Wer nicht ab und zu Abschied nimmt, weiß bald nicht mehr, wie beglückend Wiedersehen oder neue Begegnung sein kann.

So wie der Baum, der Weinstock, die Sonnenblume oder der Weizenhalm die reife Frucht, das Samenkorn loslassen, bedeutet auch menschliches Reifen: loslassen lernen, sich lösen können.

Vielleicht gilt es da, alte Verwundungen heilen zu lassen. Narben werden bleiben, aber die Wunde darf zur Ruhe kommen. Sie muss nicht ständig neu verbunden werden.

Sich selbst verzeihen können, was nicht gelungen scheint, und Versöhnung schaffen, wo etwas im Unfrieden geblieben ist – ein oft lang gesuchter Schlüssel liegt darin versteckt, um Erleichterung im Leben und im Sterben zu erfahren.

Zu den großen Ängsten alternder Menschen gehört die Angst vor der Einsamkeit. Vielleicht lassen sich Augenblicke dieser gefürchteten Einsamkeit – nur ab und zu wenigstens – eintauschen in Kostproben von »All-ein-Sein«. Wie viel Reifen geschieht im All-ein-Sein! Geborenwerden und Sterben – Lebensmomente, die jedes Lebewesen »in sich all-ein erlebt«. In diesem All-ein-Sein vertieft sich Erlebtes. Erfahrungen kommen in Ein-klang. In der Tiefe, in einem einsamen Prozess des Ringens, gestaltet sich eine Perle; und der verborgene Schatz liegt manchmal noch unentdeckt im eigenen »Lebensacker« verborgen. So ein entdeckter Schatz machte einen Finder einmal so glücklich, erzählt uns die Bibel, dass dieser hinging, voll Freude alles, was er hatte, verkaufte und den Acker kaufte (Matthäus 13,44–46). »Wo euer Schatz ist, wird auch euer Herz sein«, lässt sich noch hinzufügen.

Wenn es stimmt, wie so oft gesagt wird: »Die alten Menschen werden wieder wie die Kinder«, dann ist dies so zu verstehen, dass eine große Liebe zu Märchen und Mythen neu entsteht. Auch hier liegt ein Schatz verborgen – nicht nur, wenn es um die Schätze im Märchen selbst geht – sondern ein Schatz, in Urbildern nochmals auf die reichen Lebenserfahrungen zurückzuschauen und sich darin wieder zu finden.

Im »Wieder-wie-ein-Kind-Sein« wird das Leben auf das Wesentliche hin verdichtet. In ihm liegt der Zugang zum Himmel. Auf die Frage der Jünger: Wer ist der Größte im Himmelreich?, rief Jesus ein Kind herbei, stellte es in ihre Mitte und sagte: »Wenn ihr nicht umkehrt und wie die Kinder werdet, könnt ihr nicht in das Himmelreich kommen« (Matthäus 18,1–4)

Wo immer es ältere Menschen gibt, die – aufgrund ihrer Lebensgeschichte – allein nicht mehr zu den Bildern und Erfahrungen der vorausgegangenen Gedanken in der Lage sind, werden sie dankbar sein für eine Unterstützung durch andere, die mit ihnen zusammenleben, sie durch ihren Beruf betreuen oder sie seelsorglich begleiten. Eine ungeahnte gegenseitige Befruchtung kann in solchen Begegnungen liegen. Die vielen Gestaltungsmöglichkeiten im Sonnengebet helfen gerade in diesem Lebensabschnitt, ohne viele Worte, aber mit allem, was uns ausmacht, das Wesentliche zum Ausdruck zu bringen.

Wenn die Gebärden dabei äußerlich schlichter, auch da auf das We-

sentliche hin sich darstellen, dann wirken sie vielleicht umso ein-drück-
licher in der Tiefe. Aus den vielfältigen Erfahrungen der Leibarbeit im
reiferen Alter ist bekannt, dass schon gedanklich mitvollzogene Bewe-
gungen ihre Wirkung im Leib zeigen. Wenn zum Beispiel ein Arm, ein
Bein im Gips liegt oder gelähmt ist, dann überträgt die »Arbeit« mit
dem gesunden Arm Heilendes auf das kranke Glied. Bein- oder arm-
amputierte Menschen erzählen von Phantomschmerzen. Das ist eine
der deutlichsten Leibsprachen, die uns erfahren lässt: Wir *sind* »Leib«
und *haben nicht* nur einen Körper. Wenn es Schmerzen an nicht mehr
vorhandenen Gliedern gibt, warum dann nicht auch Heilendes!

Der ersten Grundhaltung im Sonnengebet nachspüren: »Im göttlichen Grund verwurzelt sein«, lässt sich nicht nur im Stehen, sondern
genauso im Sitzen oder in jeder anderen Lage verwirklichen (vgl.
Seite 18 f.).

Aus dieser Grundhaltung heraus fließt ein nächster Gedanke:
»Ich bin dankbar, dass ich da bin; dankbar für diesen neuen Tag, diesen
jetzigen Augenblick; dankbar, dass es nicht die letzte Nacht für mich
war.«
  Ganz in der Gegenwart da sein. Ich brauche nichts zu leisten – nur
einfach da sein, so wie es mir im Augenblick geht, wie ich mich jetzt gerade spüre, das genügt. Jetzt darf ich endlich sein, auch ohne »großar-
tig« sein zu müssen. Nicht für die Welt »funktionieren« müssen, nicht
jung und vital aussehen müssen, nein – einfach da sein, so-sein dürfen –
ein erstes Angebot, die erste Gebärde im Sonnengebet.
  Welch eine Befreiung, die Loslassen erst einmal möglich macht und
sich unmittelbar im Leib zeigt, vielleicht in einem Freigeben der festge-

haltenen Schultern oder im erlösenden Weinenkönnen, da wo Tränen angestaut waren. Um ältere Menschen dieser Generation mit solchen Gedanken vertraut zu machen, bedarf es sehr oft einer ersten Hilfestellung. Denn diesen Menschen ist eher vertraut zu denken: Nur wenn ich tüchtig bin und in den »Augen der Welt« etwas leiste, dann bin ich liebenswert. Leistung bringen, erfolgreich sein, diese Gedanken werden deshalb auch auf den geistlichen Weg übertragen.

Ermutigt werden sollte dann vielleicht auch dazu, in meinem Leib mich zum Ausdruck zu bringen: Wie zeige ich meine Dankbarkeit? Wie sieht es aus, wenn ich aufgerichtet, auf-richtig lebe? Oder hat mich das Leben gebeugt? – Alles ohne Wertung anschauen, wahrnehmen und Gott hinhalten. Der Reichtum in der leibbezogenen Form des Betens, der sich als ganzheitliches »Sein-Dürfen« und nicht als »So-Sein-Müssen« oder »Viele-Worte-Machen« versteht, kommt dem Bedürfnis des alternden Menschen nach Schlichtheit und Vertrautheit sehr entgegen.

Vertraut dürfte – nach dem Sich-verwurzelt-Wissen – die Einladung zur Gebärde der gefalteten Hände sein: diesen gefalteten Händen einmal die ganze Aufmerksamkeit schenken, mich in sie hineinfühlen: ich selbst in diesen Händen (vgl. Seite 20).

In einem nächsten Schritt öffnen sich diese gefalteten Hände ganz langsam: Sie werden wie eine Schale (vgl. Seite 22). Ich spüre mich als diese Schale: bereit zu empfangen, mich am Empfangenen zu freuen und bereit zu werden, davon weiterzuschenken, von meinen Erfahrungen, meiner Lebensweisheit, meinen Talenten …

Was wird jeder Mensch in seinen geöffneten Händen empfinden?

Vielleicht können diese Hände bei einer eigenen Übung einmal ein Weizenkorn oder eine Perle wie in einer »Schale« halten und den anfangs erwähnten Bibelstellen nachspüren, um sie schließlich zu »begreifen«?

Jetzt öffnen sich ganz langsam die Arme (vgl. Seite 24), werden weit, so gut es eben noch möglich ist, und die Augen blicken geöffnet ins Weite: Sie sehen allem getrost ins Auge, was da kommen mag. Auch wenn die Augen unscharf erkennen, sehen sie doch ins Licht. Selbst Blinde vermögen Licht zu sehen, wie wir wissen. In manchen Augenblicken, in denen der Blick über die Angst an all die Gedanken von Loslassen und Zurücklassen gelingt, wächst er hinein in ein inneres wartendes Schauen auf das ewige, göttliche Licht.

Alles Reifen macht keinen Lärm. Es zeigt sich in ehrfurchtsvoll verneigender Gebärde aus Dankbarkeit für das, was werden durfte (vgl. Seite 28).

Wo eine Starthaltung, wie auf Seite 30 gezeigt, nicht mehr möglich ist, lohnt es sich, die Aufmerksamkeit trotzdem an dieser Stelle einmal bewusst den Füßen zuzuwenden:

Wie viele Wege haben sie mich getragen?

Welche Plätze auf dieser Erde haben meine Füße berührt?

Um göttlichen Grund wieder zu spüren, braucht es für vereinsamte Menschen ab und zu auch wieder die Erfahrung von Zuwendung. Das kann bedeuten, die Hand neben mir wieder einmal wirklich zu spüren oder ein behutsames, gegenseitiges Auflegen der Hände an den Schultern.

Dabei lohnt nach der Übung der Erfahrungsaustausch, welche Berührung ermöglicht mir den Zugang zur Erfahrung: auch wenn ich falle, bin ich gehalten? Welche Berührung knüpft den vielleicht zerrissenen Faden des Vertrauenkönnens wieder zusammen? Denn in diesem Urvertrauen liegt der Schlüssel, sich dem Urgrund wieder anzuvertrauen.

Nicht Vollkommenheit schafft die Brücke, die Menschen miteinander verbindet, sondern Güte und Barmherzigkeit. »Nicht Opfer will ich, sondern Barmherzigkeit« (Matthäus 9,13 und Hosea 6,6). Offene Hände – die rechte Handschale trägt die linke Handschale der Nachbarin, des Nachbarn, die von Herzen schenkt, weiterreicht: Güte, die zur Brücke wird.

Das Sonnengebet erinnert in seinem Übungsablauf immer wieder auch an Kohelet 3: »Alles hat seine Stunde«. Es ist eine Zeit zum Brücken-Bauen, aber auch wieder eine Zeit, mich aus der Verbindung zu lösen, meine Hände als geöffnete Schalen wieder zu mir zu holen, sie bei mir ineinander zu legen.

Im All-ein-Sein jetzt nach innen zu horchen.

Die Augen dürfen wieder ruhen, sich schließen, aber das Ohr lauscht aufmerksam nach innen.

Mag sein, dass großer Friede einkehrt, sich ein tiefes Aufatmen einstellt oder eine Stimme mein inneres Ohr anrührt mit der Zusage: »Du bist meine geliebte Tochter, du bist mein geliebter Sohn.«

All meine Erfahrung, das, was mich geprägt hat, ist eingezeichnet in meine Hand. Und: Er hat mich eingezeichnet in seine Hand (Jesaja 49,16), in seine göttliche Weisheit. »Denn du hast mein Inneres geschaffen, mich gewoben im Schoß meiner Mutter« (Psalm 139,13). Dieser Glaube belebt ganz neu. Wie im Baum der belebende Saft aus den Wurzeln nach oben steigt, so spüre ich den Lebensstrom nach oben steigen.

Er durchströmt meine *Leibmitte, mein Herzzentrum.*

Dann fühle ich weiter nach oben, spüre mein Gesicht, staune über mein *Antlitz:* darin meine *Augen,* vielleicht mit nachlassendem Augenlicht, aber mit »Weitblick«. Meine *Nase,* die aufgrund der Lebenserfahrung immer noch den »richtigen Riecher« hat, und mein *Mund,* der Wahres spricht und an den reichen Lebensweisheiten Anteil gibt.

Dann meine *Ohren* – was alles haben sie gehört? – Vielleicht sind sie jetzt müde für den Lärm und das Geschwätz, aber hellwach, bis weit über das Empfinden und Mitteilenkönnen über die anderen Sinne hinaus.

Wie gut ist es, den »Herbst des Lebens« zu bejahen, langsam alles in einem anderen Licht erkennen! Ein Mensch, dem solches gelingt, wird zum Licht für seine Umgebung und so zum Segen für die Menschen in einer nächsten Generation.

4. Der Weg mit dem Sonnengebet auch in Zeiten der Krankheit

Gespräche mit Kranken bestätigen, wie groß der Wunsch ist, gerade in dieser Zeit beten zu können. Doch hilflose Kindergebete tragen da meist nicht. So wird manchem Kranken gerade jetzt das Sonnengebet zur Hilfe. Der Leib wird zum Gebet, wo Worte versagen. Mein Leib – welch ein Jammer, wie liegt der jetzt da? Weg mit ihm? Nein, gerade jetzt *ein Weg mit ihm!*

Immer wieder suchen auch Schwerkranke den Weg zum sonntäglichen Sonnengebet in der Gemeinschaft (vgl. »Der Weg einer Gemeinde mit dem Sonnengebet«, S. 128). Selten sonst gibt es eine Gebetsform, in der der Leib selbst zum Gebet wird: die Narben, die Wunden, das fehlende Bein, die Krämpfe, das nicht mehr »Herr der Bewegungen-Sein«, die Schmerzen, das unausweichliche Abschiednehmen. Der/die Kranke – er/sie selbst als Gebet! All jenes, was auf den vorhergehenden Seiten im Abschnitt »Sonnengebet für das reife Alter« steht, gilt auch als Anregung für den Weg durch die Krankheit: auch sie eine Zeit der Wandlung!

Eine liebe Sonnengebetsteilnehmerin konnte an einem Morgen nicht mit dabei sein, als sich die Gruppe traf. An jenem Tag zündete sie zur selben Zeit in der Klinik in ihrem Zimmer eine Kerze an und betete von ihrem Bett aus mit uns in den Gebärden, die ihr noch möglich waren. Die anderen »gestaltete« sie in ihren Gedanken mit. So konnten wir zum Segen füreinander werden und sie mitbegleiten in die Vollendung. Jetzt ist sie auferstanden in ihrem Leib, dorthin, wo sie »*mit dem gött-lichen Auge die göttliche Gestalt als Einklang mit allem schauen darf*« (Bhagavad-Gita 11,8).

»Gesät wird ein irdischer Leib, auferweckt ein überirdischer Leib. Wie wir nach dem Bild des Irdischen gestaltet wurden, so werden wir auch nach dem Bild des Himmlischen gestaltet ... Die Toten werden zur Unvergänglichkeit auferweckt, wir aber werden verwandelt werden (1 Korinther 15,44,49,52).

Jede/r Kranke, der/die in der Krankheit nicht nur ein Übel sieht, son-dern sie als Botschaft der Seele im Leib versteht, erfährt diese Zeit als Zeit der Wandlung. In ihr bricht wohl am deutlichsten die Ursehnsucht des Menschen nach Heil-Sein durch und auch die Erkenntnis, dass Heil-Sein des Menschen noch mehr bedeutet als nur Gesund-Sein.

V.

Gelebte Erfahrungen
mit dem Sonnengebet

1. Sonnengebet – ein Übungsweg

Eine Übung – das war der Anfang. Dass sich daraus einmal ein Gebet, geschweige denn der Beginn eines abenteuerlichen Weges entwickeln würde, davon ahnte ich nichts.

Im Rahmen eines Meditationskurses bei Pater Sebastian Painadath lernte ich die morgendliche Übung des Sonnengebets kennen. Jeden Morgen vor dem Frühstück gab es das Angebot, unter seiner Anleitung zu üben. Über ein erstes Mühen, in die einzelnen Gebärden »hineinzuwachsen« und die jeweils empfohlene Dauer durchzuhalten, kam ich beim ersten Kennenlernen nicht hinaus.

Zurückgekehrt in meinen bewegten Alltag, blieben viele tief gehenden Gedanken und Meditationseinheiten prägend. Aber das, was Gedanken, Erfahrungen und mein ganz praktisches alltägliches Leben mit seinen vielfältigen Aufgaben zu verbinden vermochte, das war das Sonnengebet.

Da stand ich nun in den eigenen vier Wänden ohne Anleitung – allein. Es gab zu dieser Zeit noch keine schriftlichen Unterlagen. Aus der Erinnerung fing ich an zu üben. Nach einer bestimmten Gebärde aber

»verlor ich den Faden«. Immer wieder an der gleichen Stelle. Eine ganze Weile noch hielt ich mich an die Empfehlung, Gebärden selbst zu gestalten, nicht im Kopf zu denken, weil Worte nicht notwendig sind, sondern einfach ganz da zu sein.

Im Kurs war mir die Aneinanderreihung der Gebärden sehr heilsam erschienen. Leider konnte ich mich aber nicht mehr an die Reihenfolge erinnern. Ich hatte auch niemanden zum Nachfragen. So verlor sich nach einiger Zeit der Eifer des Übens, und ich könnte eine der fragenden Schülerinnen gewesen sein in einer der vielen Geschichten von Anthony de Mello:

»Kann ich selbst irgendetwas tun, um erleuchtet zu werden?«

»Genauso wenig wie du dazu beitragen kannst, dass die Sonne morgens aufgeht.«

»Was nützen dann die geistigen Übungen, die ihr vorschreibt?«

»Um sicher zu gehen, dass du nicht schläfst, wenn die Sonne aufgeht.«

Übrig blieb aus dieser Zeit immerhin, dass ich mir meiner Körperhaltungen viel mehr bewusst wurde und leibhaftiger, irgendwie wacher geworden war.

2. Das Sonnengebet – ein Weg zur Selbsterfahrung

Ein nächstes Mal begegnete ich der von Pater Sebastian Painadath aus dem klassischen Yoga vertieften Form des Sonnengebets in einem seiner jährlich stattfindenden Kurse.

Jetzt wachte die vertraute Erinnerung erneut auf. Ich fand »meinen Faden« wieder. Und es schien mir wie ein Schlüsselerlebnis, warum ich gerade ab der Stelle des »großen Bogens« mit den Gedanken »Menschen verbindend da sein« in meinem Alleinüben nicht mehr weiterwußte. Ich stand in meinem persönlichen Leben gerade an einer Stelle, an der nur ein »großer Bogen« abgeschnittene Wege zu anderen Menschen wieder sichtbar machte und mein »Überbrücken« zu anderen Menschen notwendig war.

Staunend stellte ich in dieser neuen Begegnung mit dem Sonnengebet fest, wie ich immer hell-höriger für die Botschaft und Wirkung der jeweiligen Gebärde wurde. Sie schien wie ein Spiegel, in dem ich meine Befindlichkeit ungeschminkt sehen konnte. Ich erkannte darin, was mir auch im Leben mühelos gelang oder noch schwer fiel: einmal war es das

Loslassenkönnen ein anderes Mal das »Ich-will-meinen-Weg-Gehen« oder »Den-Tag-mit-Freude-Begrüßen«. Da gab es Übungen, die mein Verhalten im alltäglichen Leben widerspiegelten. Mein Alltag wurde zur Übung.

Diesmal kostete es mir nach der Heimkehr keine Mühe mehr, dem Üben treu zu bleiben. Nur noch einen zuverlässigen Zeitpunkt galt es zu finden und hie und da die Überwindung rechtzeitig aufzustehen, wenn nachts zuvor für den Schlaf wenig Zeit geblieben war. Ließ ich das Sonnengebet einmal aus, fehlte mir für diesen Tag einfach etwas.

Daneben erwachte auch die Aufmerksamkeit dem Atem gegenüber: Wo halte ich ihn fest? Wo lasse ihn nicht frei strömen? Er ist mir eingehaucht, ein göttliches Geschenk und von unschätzbarer Heilkraft. Ein Wunder, wie er in der Leibmitte kommt und wieder geht. Er steht mir jeden Augenblick meines Lebens zur Verfügung. Der Besuch von Atem-Kursen war mein nächster Schritt. Die Achtsamkeit dem Atem gegenüber bleibt auf jeden Fall schon im Alltag ein Gewinn und auf dem spirituellen Weg unverzichtbar.

Zu ahnen begann ich, dass das treue Üben des Sonnengebets in noch tiefere Schichten der Selbst-Erfahrung führt. Im großen göttlichen Grund, im »Großen Selbst erkenne ich mein kleines Selbst durch das Selbst« (Bhagavad-Gita 6,20). Nun finde ich immer ein Stückchen mehr meine wahre Identität. Das bedeutet nicht nur Freude. Auch Ängste und Dunkelheiten werden wach. Das Leben entwickelt sich nicht geradlinig entweder in die Höhe oder die in Tiefe. Wer kennt nicht die schmerzlichen Wechselbäder! Viele Fragen tauchen auf und Stunden der Ungewissheit. Oft geht es mir dann wie den kleinen unerfahrenen Fischen:

»Sie sprachen zueinander: ›Man behauptet, dass unser Leben vom Wasser abhängt. Aber wir haben noch niemals Wasser gesehen. Wir wissen nicht, was Wasser ist.‹

Da sagten einige, die klüger waren als die anderen: ›Wir haben gehört, dass im Meer ein gelehrter Fisch lebt, der alle Dinge kennt. Wir wollen zu ihm gehen und ihn bitten, uns das Wasser zu zeigen.‹

So machten sich einige auf und kamen auch endlich in das Meer und fragten den Fisch. Als der Fisch sie angehört hatte, sagte er:

›O ihr dummen Fische! Im Wasser lebt und bewegt ihr euch. Aus dem Wasser seid ihr gekommen, zum Wasser kehrt ihr wieder zurück. Ihr lebt im Wasser, aber ihr wisst es nicht.‹«

3. Gebet als Weg

Ganz allmählich konnte ich der Erkenntnis zustimmen, von der Karl-fried Graf Dürckheim, der große europäische Zen-Lehrer oft sprach: »Der Weg ist das Ziel«. Das veränderte einschneidend mein Unterwegs-Sein in meinem Leben. Seitdem nehme ich mir bewusst Zeit für meine Wege, auch wenn ich in meinem Alltag meistens auf ein Ziel hin unter-wegs bin. Es bedeutet für mich keine »verlorene Zeit« mehr, irgendwo anstehen oder warten zu müssen und gleich-gültig ist schon lange, was immer ich gerade für eine Arbeit verrichte. Einzig das Wie entscheidet über sinnvoll oder wertlos.

Das Sein wird wichtiger als das Haben,
gütig zu werden erstrebenswerter als Prinzipien einzuhalten.

Ebenso Wert verändernd vollzog sich ganz allmählich eine Wandlung in meinem Beten:

Das Hören wurde wichtiger als das viele In-Worte-Fassen,
das ganz gegenwärtig Da-Sein wichtiger
als manch aufwendiges Vorbereiten.

Jeden dieser Sätze Sören Kierkegards kann ich unterschreiben:

»Als mein Gebet immer andächtiger und innerlicher wurde, da hatte ich immer weniger und weniger zu sagen. Zuletzt wurde ich ganz still. Ich wurde, was womöglich ein größerer Gegensatz zum Reden ist, ich wurde ein Hörer. Ich meinte erst, beten sei reden. Ich lernte aber, dass beten nicht nur schweigen ist, sondern hören. So ist es: beten heißt nicht, sich reden hören, beten heißt still sein und warten, bis der Betende Gott hört.«

So wächst mein Gebet mit mir und ich mit ihm.

4. Gebet als Sein

Erst durch das Einlassen auf diesen abenteuerlichen Weg erschloss sich mir die Stelle in der Bibel (Matthäus 6,6) ganz neu: »Du aber geh in deine Kammer, wenn du betest, und schließ die Tür zu; dann bete zu deinem Vater, der im Verborgenen wohnt.«

Es gibt da eine »Kammer« in meinem Innern, zu der hat niemand Zutritt. Die Tür ist für allen Lärm und allen Einfluss von außen geschlossen. Wenn ich dorthin gehe, darf ich »ungeschminkt« einfach nur da sein – in meinen Höhen und Tiefen, in meiner Enge und Weite (vgl. auch Seite 102, »Kammerton«). Es bedarf keiner Worte, keiner Erklärung, wie die Geschichte aus den »Erzählungen der Chassidim« lehrt:

> *»Zum Psalmwort ›und ich bin Gebet‹ sprach Rabbi Bunam: ›Das ist, wie wenn ein Armer drei Tage nichts gegessen hat und seine Kleider sind zerlumpt und so erscheint er vor dem König – braucht der noch zu sagen, was er begehrt? So stand David vor Gott, er selber als Gebet.‹«*

In dieser »Kammer«, im Verborgenen fließt die Quelle – nicht nur für das Wasser, das allein den Durst löschen kann. Dort ist auch die Quelle für das Öl, mit dem die Jungfrauen ihre Lampen füllen und auch noch für Vorrat sorgen. Sie können getrost schlafen gehen, denn die Nacht kann lange dauern (Matthäus 25,4–6). Aber sie werden wach und bereit sein, wenn die göttliche Sonne, wenn das Licht in ihnen geboren werden will.

5. Der Weg einer Gemeinde mit dem Sonnengebet

Ermutigt durch die eigene Erfahrung bot ich in der Pfarrgemeinde einen Abend zur Einführung des Sonnengebets an. Ein kleiner Kreis interessierter Menschen fand sich ein. Menschen, die noch gar nichts davon kannten. Anderen ging es wie mir nach dem ersten Kennenlernen dieses Weges.

Nach der abendlichen Einführung bat die Gruppe, einmal zur empfohlenen Zeit am frühen Morgen miteinander zu üben. Es blieb nur der Sonntagmorgen als mögliche Zeit für alle. Ich glaubte damals nur an eine einmalige Begeisterung und bot dazu an: »Ich sorge für den Raum und das Frühstück. Dann können wir alle – wie empfohlen – noch vor dem Frühstück üben.«

In regelmäßigem Abstand von etwa 4–5 Wochen trifft sich tatsächlich am Sonntagmorgen um 7 Uhr seither eine immer weiter wachsende Gruppe zu Leibübung und Sonnengebet mit anschließender 20-minütiger Meditation. Wer immer es ermöglichen kann, bleibt auch gerne zum gemeinsamen Frühstück, zu dem jede Teilnehmerin und jeder Teilnehmer etwas beisteuert.

Wer hätte das je geahnt? Ein Geschenk ist es, sich mit so vielen übenden Menschen auf diesem Weg zu wissen. Und: Um ein Vielfaches ver-
tiefender ist es, das Sonnengebet in einer Gemeinschaft zu üben, so ver-
sichern alle immer wieder.

Einige Mitübende:

*»Es tut mir wahrhaft gut, wenn der Tag, besonders der Sonntag so ge-
sammelt, so auf den Schöpfer und seine Schöpfung ausgerichtet, beginnen kann. Nie sonst erfahre ich derart dankbar und bewusst fühlend
mein Dasein in der Schöpfung!«*

*»Wenn ich den Tag mit dem Sonnengebet beginne, fühle ich mich weich,
offen für den Tag, nicht so sehr aggressiv, sondern bereit anzunehmen,
was kommt. Diese Weichheit ist körperlich, in den Gliedern, im Brust-
und Herzbereich spürbar, als hätte ich mehr Raum zur Verfügung.
Wenn ich nicht dazukomme, fehlt mir den ganzen Tag über etwas. Der
Körper registriert das genau.«*

*»Es war mein ›Rettungsseil‹ nach dem Tod meines lieben Mannes. Es
gab mir Licht in dieser Finsternis. Es hat mich verändert und verändert
mich weiter.«*

*»Ich empfinde das Sonnengebet belebend, erfüllend, es gibt mir spiritu-
elle Energie. Ich empfinde Einheit von Körper und Seele.«*

*»Für mich ist das Sonnengebet eine Einstimmung in die Schweige-
meditation. Oft gehe ich nur in die ersten sechs Gebärden. Auch in*

Gruppen versuche ich mit einzelnen Gebärden ganzheitliche Erfahrungen machen zu lassen.«

»Wertvolle Erfahrung für mich ist das gemeinsame Hinwenden zum Göttlichen am Sonntagmorgen, das bewusste Anfangen des Tages. Die Stille in der Stille.«

»Es ist anstrengend, am Sonntag schon vor 5.45 Uhr aus dem Haus gehen zu müssen, um mit der S-Bahn um 7 Uhr beim Sonnengebet sein zu können. Aber die Kraftquelle des Sonnengebets wiegt das regelmäßig auf.«

»Im Sonnengebet geführt zu werden, Seine Stimme herauszuhören hat mich gewaltig bewegt und dem »All-ein-Sein« ein Stück näher gebracht.«

»Wenn ich auch nicht jeden Tag das Sonnengebet übe, so freue ich mich doch, dass es diese Art von Gebet gibt. Es hat mich in meinen tiefsten Ängsten mit neuer Zuversicht gestärkt.«

»Es ist im Üben ein prozesshaftes Geschehen. Die Grenze, die ich an mir erfahre, öffnet sich in mir und mit mir: Angstvolle Grunderfahrungen leiten mich zum Erleben des Getragenseins, im Geben bin ich die Empfangende, im Gebeugtsein die, die aufgerichtet wird, im Aufnehmen oder Annehmen des Segensstromes erlebe ich, Segen zu sein.

Es ist ein Erleben weg vom Sprechen eines Gebetes hin zum Gebet-Sein.«

»Auch habe ich die Erfahrung gemacht, dass mein Verhältnis zu den Menschen sensibler, zärtlicher, aufmerksamer, hingebungsvoller geworden ist. Vielen Menschen möchte ich dieses Geschenk weitergeben.«

»Die Übungen sind für mich zu einer geistigen Grundhaltung geworden. Ich spüre die heilende Kraft den ganzen Tag über.«

VI.
Ausblick: Gebärden – Ursprache des Menschen

Ich kann nicht beten ... Ich weiß nicht, wie und worum ich beten soll ...
Gott scheint aus meinem Bewusstsein verschwunden zu sein ... Und
doch suche ich einen Zugang zur Sinntiefe meines Lebens ...

Solche Worte höre ich immer wieder von Menschen, die ich ein Stück
geistlich begleiten will. In den Meditationskursen, die ich seit fünfund-
zwanzig Jahren in Indien und Europa halte, versuche ich, die Frage des
Betens in den Mittelpunkt zu stellen. Schon zur Zeit meiner Dissertar-
tion in Tübingen (1974–1977) beschäftigte ich mich mit den Grundfra-
gen des Gebetes im christlichen Glaubensvollzug (dazu: Sebastian
Painadath SJ, Dynamics of Prayer, Bangalore, Indien, 1981).

Warum aber kann das Sonnengebet gerade heute helfen, dass wir uns
ganz neu spirituell entdecken? Das auf dem klassischen Yoga-System
basierende Sonnengebet führt zunächst zu einem Aufwachen, zur Leib-
Geist-Harmonie (yoga). Es ist wichtig bei dieser Form des Sonnengebetes, dass der/die Übende in jeder Haltung kurz verweilt, damit der
im Leib waltende göttliche Geist dankbar wahrgenommen wird. So
wächst allmählich das befreiende Bewusstsein: *Mein Leib ist der Tem-*
pel des göttlichen Geistes (1 Korinther 6,19).

Von den Rückmeldungen vieler Teilnehmer/innen meiner Meditationskurse habe ich erfahren, dass das Sonnengebet ein Bestandteil ihres täg-

lichen Lebens geworden ist und dass sie dadurch die Gegenwart des göttlichen Geistes in ihrem Alltag viel intensiver spüren können. Wenn wir aus dem Bewusstsein heraus leben, dass wir an der Neugestaltung der Welt durch den Geist Gottes teilnehmen, sind wir viel ausgeglichener und barmherziger im Umgang mit Menschen und mit der Natur. Von dem einen Atem Gottes sind wir belebt. *In seinem Licht schauen wir das Licht* (Psalm 36,10; Mundaka Upanishad 2.2.11).

Über alle Grenzen der Religionen und Kulturen hinweg lässt sich das Sonnengebet üben. Es geht hier nicht um die Verehrung eines vergegenständlichten Gottesbildes, das durch eine Religion vermittelt wird, sondern um die Erfahrung des göttlichen Geistes, der *weht, wo er will* (Johannes 3,8), und in den Herzen aller Menschen verwandelnd wirkt (Chandogya Upanishad 8.3.3.). Die Leibsprache ist eine universale Sprache, und die Gebärden sprechen alle Menschen an. In meinem ständigen Umgang mit den Gläubigen anderer Religionen in Indien habe ich eingesehen, dass die Sprache des interreligiösen Dialogs über die Begriffssprache hinausgehen und jene *Ursprache* des Menschen einüben soll.

In Indien lebe ich in einem Ashram, der einen Raum für eine intensive geistige Begegnung zwischen Religionen anbietet. Das Sonnengebet vermittelt das Bewusstsein, dass die Gläubigen verschiedener Religionen eigentlich »miteinander pilgernde Schwestern und Brüder sind« (Papst Johannes Paul II.). Das Gebet verbindet Menschen über alle Grenzen hinweg in einer weltweiten geistigen Gemeinschaft, die durch die Religionen und über die Religionen hinaus sich entfaltet.

Seminare zum Thema Interreligiöser Dialog und Meditationskurse halte ich regelmäßig in den deutschsprachigen Ländern im Auftrag von Missio, Aachen/München/Wien. Nähere Informationen darüber sind bei Missio erhältlich (z.B. beim Bildungsreferat, Missio, Pettenkoferstr. 26, D-80336 München, Tel. 089/5162-207, bei Missio Aachen, Diözesankoordinationsstelle, Goethestr. 43, D-52064 Aachen, Tel. 0241/7507294, oder bei Missio Austria, Seilerstr. 12, A-1015 Wien, Tel. 01/5137722-26).

Frau Edeltraud Ulbrich, die bei der Gestaltung dieses Buches maßgeblich mitgeholfen und sich für die fotografischen Aufnahmen zur Verfügung gestellt hat, bietet Einführungskurse zum Sonnengebet für verschiedene Gruppen an: für Kinder und Jugendliche, Erwachsene, ältere und kranke Menschen. Ein solcher Einführungskurs ist geeignet, um zur richtigen Einübung des Sonnengebetes zu kommen (Edeltraud Ulbrich, Renkenstr. 36, 82178 D-Puchheim).

Quellennachweis

123 Aus: Willi Hoffsümmer, Kurzgeschichten 1. Matthias-Grünewald-Verlag, dort: zitiert aus Kurt Bucher, Wegmarken. Kurze Geschichten als Predigthilfen. Rex-Verlag, Luzern–Stuttgart – **76** Zeichnung aus: Hetty Draayer, Das Licht in uns. Chakras – Auras – Energien. Kösel-Verlag, München ³1991 – **126** Aus: Martin Buber, Erzählungen der Chassidim. Manesse-Verlag, Zürich 1949.